陕西人文社会科学文库资助

刘立云 著

THE EMBEDDED
CULTURAL INDUSTRY CLUSTER DEVELOPMENT
OF CHINA

中国"嵌入型"
文化产业集群
发展研究

社会科学文献出版社
SOCIAL SCIENCES ACADEMIC PRESS (CHINA)

摘　要

目前，经济增长方式的转变已是我国"十二五"期间面临的重大理论和现实问题。在世界经济步入知识社会、向创意经济发展的今天，经济发展出现了"再结构的过程"，人文要素成为推动经济增长的新引擎，以营造创新创业环境即产业集聚为主导的创新发展模式代替了以往传统的经济发展模式。适逢国家"十二五"时期文化改革发展规划实施之际，研究与探索符合我国经济发展需要的文化产业集群发展思路与发展模式，就显得尤为重要与迫切。

关于"集群构建走向公共政策"的命题，已经通过以目前中国"嵌入型"文化产业集群为载体的产业园区实践模式取得基本判断，但是我们不能仅停留在抽象的属性讨论上，还需深入探讨发展理论和科学方法来指导具体规划的运作实践。为此，本书提出"中国'嵌入型'文化产业集群发展的经验研究"命题。

推动该命题的研究可以从两个角度入手：一是源于程序正义的政府制度建设，二是源于技术理性的规划研究者政策分析。前者依据新经济社会学理论，侧重政治维度决策和共识的形成，解决"'嵌入型'文化产业集群模式是否应建立？"的规范判断；后者借助国家创新体系理论，侧重促进科学维度信息和知识的积累，解决"'嵌入型'文化产业集群模式在哪建立及如何建立"的实证问题。同时，规划的政策分析传统源于系统科学、社会学、统计学等相关学科在产业规划中的应用，其中，系统理论和模型技术为政策分析提供了工具。目前国内外在重新定位理性方法的作用之后，逐渐对模型工具方法加以重视；而系统动力学又因其擅长解决复杂反馈系统问题，为规划政策分析提供了思想和方法，且国内规划研究领域尚有讨论，本研究将该方法引入到文化产业规划政策研究之中。

本书从政策分析的角度，以西安曲江文化产业示范区的政府驱动为例，借鉴系统动力学，讨论了"嵌入型"文化产业集群规划政策分析的理论和方法。

具体的，在分析文化市场原理的基础上，笔者认为，马克思在《资本论》中所描述的物质产品的"生产—交换（流通）—分配—消费"四环节依然适用于文化产品及其产业发展运行特征，并分别对应于文化产品的"价值创造—价值延伸—利润平均—价值实现"四过程。尤其在利润均等化过程中，参与文化产业的各经济主体均应得到相应补偿，补偿依据源于各经济主体追逐"租"的经济人假设，在此，突破以往自李嘉图以来的差额地租学说，重拾对"使用资源获得的超过竞争性收入的部分都称为'租'"的概念解读；并由此划分为地理租、组织租、产业租。分析认为，随着经济不断发展产生资源生态供给边界的日益临近，组织租通过一种特有的资源组合方式与特定的生产组织形式，带来文化产业集群发展的创新动力。研究发现，以曲江国家文化产业示范区为代表的"嵌入型"文化产业集群发展模式，其实践路径就是通过生态景观的营造提升文化产业创新氛围，带来人才、资本甚至技术的汇聚。所以，本书认为生态景观的营造既具经济学意义，又体现较为前沿的管理理念；更重要的，它引导政府驱动的"嵌入型"文化产业集群的最终形成。以陕西西安2003～2011年文化产业数据为基础，应用系统动力学知识构建区域文化产业集聚创新支持体系模型，并赋予相应方程，对曲江文化产业示范区未来十年的发展做出仿真预测。由此讨论了政府规划政策影响文化产业市场的途径、程度和现实特征，并提出规划政策应从注重静态目标的"蓝图政策"模式，向注重过程演变的"动态监控"模式转变。

本书最后提出：①规划政策分析应建立"生态景观—'嵌入型'—产业集聚—产业园区—文化产业集群"情境模式，在分析区域文化资源禀赋基础上的生态景观建设下，将"嵌入"、目标和过程三要素动态结合起来；
②借助系统动力学，建立规划政策实验室拓展政策分析能力；③制度构建
方面要提高规划政策过程确定性，建立文化产业园区规划的动态监控机制
及均衡分配机制等。

序

当中国的文化产业在公众心目中逐渐由"奇葩"转变成"经典"的时候，关于文化产业的理论研究也在经历着一些不平常的变化。十几年来，有关"文化""文化产业""文化产业集群"的论著已陆续出现，其间不乏真知灼见。然而，随着中国式改革日益走入"深水区"，其特有的国情呼吁着更适合中国经济发展需要的文化产业的科学性探究与合理性构建，以往零打碎敲般的局部研究正被全面系统的整体分析代替；浮光掠影式的表层探讨也被刨根问底的深层探究淹没。刘立云博士在其新著《中国"嵌入型"文化产业集群发展研究》（以下简称《研究》）中所做的努力和取得的成绩可以说代表着这种变化的趋势。

（一）

一部论著的科学价值首先取决于其选题是否具有时代意义。作为《研究》基本论题的文化产业究竟是什么呢？这是一个人类文明在时光更迭下颇具沧桑感，又由于推陈出新而不断焕发生机与潜能的新兴产业。从目前发达国家文化产业的蓬勃发展中可见一斑。但是，本土性研究迫使发展中国家思考如何培育本国文化产业发展的土壤，对如此发人深省的经济现象进行探究，其选题的意义是毋庸置疑的。而与此相关问题的复杂性及其求解难度，也考验着作者的时代嗅觉及科学精神。尽管研究对象普遍而广泛，然而《研究》并未局限于对文化产业一般规律的抽象探讨，而是在从具体到抽象的研究基础上，进一步从一般来探究特殊，并将后者化为理论及实证表述的内在逻辑，在从抽象到具体的演进过程中，聚焦中国"嵌入型"文化产业集群发展的全局透视。的确，中国改革以来的经验表明，政府在经济发展中的引领、推动将更大效用地发挥市场经济的作用，让更多参与其中的人分享改革"红利"，这种"政府策动的产业集群化"是富有中国特色文化产业发展的特殊道路，其间经历了怎样的发展演进路径，是《研究》提出并力图着力予以研究的核心课题。一部《研究》所展示的，实际就是文化产业集群化在中国所具有的"政府策动"特征的具体体现。

（二）

良好的选题只有在充分的论述过程中才能展现它的价值。这取决于内容的丰富性、逻辑的严谨性、观点的创新性。这些决定着一部学术专著的基本面貌。《研究》呈现给读者的是丰富而深刻的理论内涵，并具体体现于对下述问题的阐述中。

——对文化产业起源、文化是否创造价值及其价值由何决定进行重新确定，是《研究》在文化产业经济运行分析中的切入点，也是《研究》紧扣时代脉搏、对《资本论》富有学术创见之一家之言。文化之所以发展为产业，产业集聚化优势分别体现为劳动力、原料及中间产品、技术资源等在集群中的共享，正如"经济学节约了爱"，文化产业由于交易成本的节约而使效益增进。

——探讨文化的潜在价值如何通过"市场化"的转化、应用和交换变成现实的价值，是《研究》另辟蹊径之所在。作者认为，文化的流通实质上是其载体的运动（仅针对可移动的文化产品），包括固定载体的地理运动（如从外域通过交通工具运输来的技术设施）及文化载体的更换（如传播方式、形式的改变）两种形式，无论何种形式进行的文化流通都必须耗费人的劳动，从而增大文化的价值，并实现文化的价值。

——揭示文化产业利润平均是产业不断协同发展的内在源泉，是《研究》对产业集群化分析的核心内容。作者突破以往自李嘉图以来的差额地租学说，重拾对"使用资源获得的超过竞争性收入的部分都称为'租'"的概念解读；并由此划分为地理租、组织租、产业租。

——分析中国"嵌入型"文化产业的集聚情境、因素机理及其实践轨迹，是《研究》对中国文化产业纵深考察方面的延续。运用系统动力学分析方法，作者得出如下创见性的结论：以曲江国家文化产业示范区为代表的"嵌入型"文化产业集群发展模式，其实践路径就是通过生态景观的营造提升文化产业创新氛围，带来人才、资本及技术的汇聚。通过文化产业集群再生产分析，得出政府规划政策影响文化产业市场的途径、程度和现实特征。

——对文化产业集聚式发展路径的研究，是《研究》对中国文化产业系统研究的归宿。当文化产业发展到今天，怎样打造新的增长点、怎样进行产业发展战略布局等均是作者试图探究的初衷。由此出发，提出跨越式与内涵式创新发展战略、跨地域与项目创新带动战略，从而使《研究》的叙述在对策问题上实现了逻辑的终结。

在对以上问题的选取及论述过程中，《研究》不乏创新和开拓之处。透过其论题和著述，不难看出作者对文化产业中国化的深刻了解和良好把握，及其对现实问题的解释力。

（三）

评价一项研究是否可行及其结论是否可靠，在一定程度上取决于这项研究所采取的方法和角度。不可否认，由于中国经济改革本身是"摸着石头过河"，尚无经验可循；这种倒逼机制迫使理论界匆忙应对各种现实问题。如能对其进行系统化梳理，或许有助于今后的产业发展战略规划。基于此，作者追溯古今中外的文化产业、产业集群、文化产业集群发展的思想精粹；运用科层、市场等当代经济学范式分析中国新兴产业发展实质；借助系统动力学方法研究中国文化产业的过去、现在及未来；不再拘泥于纯经济学分析，而是对文化产业市场化的承担者和实践者——政府提出战略及策略建议，从而将文化产业这一本属经济学的课题拓展至管理学层面，开辟了产业发展研究的新领域。

当然，作为一种探索，本书难免存有不足之处。比如，《研究》提出了一些尚在作者思考中的问题，并未得到彻底解决，从内容到文字都略微带有匆忙的痕迹。专著出版不等于学问终结。希望刘立云博士继续以崭新视角将中国问题锲而不舍地研究下去，并学以致用。作为陕西师范大学国际商学院的名誉院长，我向来珍视人才、扶掖有志青年，在欣闻本书即将出版之余，乐为之序，以励作者。

何炼成　谨序

2013 年 8 月于西大新村

目　录

第一篇　绪论

第二篇　综述

第五篇 文化产业集群发展路径

第六篇 结语

第一篇 绪论

第一章 绪论

第一节 研究背景和问题的提出

一 研究背景

创新是一个民族进步的灵魂，是一个国家兴旺发达的不竭动力（江泽民，1995）。我国自改革开放特别是进入新世纪以来，全面推进原始创新、集成创新和引进消化吸收再创新，加快创新型国家建设步伐，取得了一批重大成果，创新能力大幅提升，但是从总体上看，我国自主创新能力依然不强（温家宝，2011，2012）。世界经济论坛发表的《2001~2002年世界竞争力报告》指出，"在创新不断全球化的同时，创新在区域经济发展中的重要性与日俱增，出现了区域化的创新"。熊彼特作为创新经济理论的鼻祖，在其论著中指出"创新并非孤立事件，且在时间维度上不收敛，在集聚过程中表现出区域发展的非均衡性"[1]。实证研究显示，集群企业更易创新（Audretsch & Feldman，1996；Baptista R. Swan，1998[2]）。

自从人类社会历史进程中出现生产、交换、分配和消费等经济行为以来，产业集群这一经济现象就一直与人类文明如影随形。从古代底格里斯河和幼发拉底河下游灌溉农业集中耕种的效率（详见Stavrianos《全球通史》第四章），到当前的"第三意大利"传统产业集群和我国浙江、深圳等地的专业化产业区，无一不说明了产业集群现象是人类文明史上一幅悠久而多彩的美丽画卷。现代创新理论认为，产业集群是一个缩微的国家创新系统,是一个有利于创新的环境。Bai 等(2004)的研究发现,中国 1985~1997 年这段时间,尤其在 1990 年后,出现了明显的产业集聚趋势; Lu 和 Tao(2009)[3]指出,1998~2005 年间中国的产业集聚进一步上升。 强化协同创新、不断提高创新能力,是我国掌握发展主动权的要求,也是 转变发展模式、实现国家可持续发展的要求。

那么,蕴涵高科技的创新型包容性经济增长方式是什么?寻求人类社 会发展的新的文明发展方式和生活方式,转变人类财富的增长方式,是人 类社会共同追求的目标。2012 年党的十八大报告中首次把"美丽中国"作 为执政目标之一,彰显中华民族对子孙、对世界负责的精神,甚至罕见地 在报告中出现感人肺腑的诗意般语言"给自然留下更多修复空间,给农业 留下更多良田,给子孙后代留下天蓝、地绿、水净的美好家园"。中国经 济发展正经历一个关键的产业转型期。如何走出一条由粗放型到集约型转 变的经济增长道路,如何实现从"三高一低"(高投入、高能耗、高污染, 低效益)产业到"三低一高"(低能耗、低污染、低成本,高收益)产业 的转变,如何探索既符合世界产业发展潮流,又能大力吸纳就业人口的新 兴产业发展道路,成为当前迫切需要破解的难题。

随着人类文明由农业转向工业继而进入信息化时代,第三产业中的 文化产业承载着高科技含量的产品受到各方青睐,代表着低碳、集约的 经济发展模式。文化产业被认为是最能体现这一价值追求的方式之一。 文化产业的发展经历了之前"生产主导型"至"消费主导型"再至目前 "创新主导型",即由人们的消费取决于社会能提供怎样的产品,至市场 经济逐渐活跃下由消费决定生产,再至技术创新和制度创新等创新性因 素成为经济发展的主要驱动力。当代社会价值实现主要通过技术创新完 成,而文化产业本身的创意性赋予其无尽的利润源泉;当文化产品日益 成为居民消费热点,又呼唤着制度创新的跟进。于是,文化产业在社会 发展的层面和全球治理的层面上超越了法兰克福学派作为社会批判理论 的"文化工业论",转而成为用以克服和解决经济和社会发展问题的治 理工具和治理手段。通过发展文化产业,克服与解决国家发展中的困境, 构建国家治理文化,已经成为我国文化产业发展和实现文化强国建设的战略出发点和新维度①。

　　"国民之魂，文以化之；国家之神，文以铸之。"文化是民族凝聚力和创新力的重要源泉，应"推动社会主义文化大发展大繁荣"（胡锦涛，2007）；尤其是 2009 年国务院出台的《文化产业振兴规划》，标志着文化产业已上升为我国战略性产业；2010 年发布的《中共中央关于制定国民经济和社会发展第十二个五年规划的建议》，将文化产业提高到了一个新的高度，首次明确提出"推动文化产业成为国民经济支柱性产业"；2012 年 11 月十八大报告明确指出，要加快发展文化产业，到 2020 年使我国全面进入小康社会，并使文化产业成为我国国民经济支柱产业。中央政府和各部委领导也在不同场合、不同方式强调了文化产业发展的重要性（见表 1-1）。

表 1-1　2002~2012 年文化产业调控政策

- 2014 年 4 月，文化部、财政部共同启动《文化产业创业创意人才扶持计划》

- 2014 年 4 月 30 日，国家新闻出版广电总局、财政部联合出台《关于推动新闻出版业数字化转型升级的指导意见》

- 2014 年 3 月 14 日，国务院发布《推进文化创意和设计服务与相关产业融合发展的若干意见》；3 月 17 日，国务院印发《关于加快发展对外文化贸易的意见》

- 2012 年 7 月 13 日，文化部出台《鼓励和引导民间资本进入文化领域的实施意见》②

- 2012 年 6 月 26 日，世界知识产权组织正式缔结《视听表演北京条约》

- 2012 年 5 月 30 日，文化部公布"十一五"文化产业成绩单③

- 2012 年 2 月 28 日，文化部正式向社会发布了《文化部"十二五"时期文化产业倍增计划》

- 2012 年 2 月 15 日，中共中央办公厅、国务院办公厅印发《国家"十二五"时期文化改革发展规划纲要》

- 2011 年 11 月 8 日，国家统计局设立社会科技和文化产业统计司（简称"社科文司"）

---

① 据《人民日报》10 月 7 日报道：2010 年，我国文化产业增加值占国内生产总值的比重为 2.75%，到"十二五"期末有望达到 5% 左右。

② 《意见》提出，鼓励民间资本投资文化产业。要建立健全多元化、多层次、多渠道的文化产业投融资体系，鼓励和支持民营文化企业借助资本市场做大做强。支持民营文化企业通过信贷、信托、基金、债券等金融工具融资，支持民营文化企业通过并购重组、上市等方式融资。鼓励和引导民间资本参与的金融机构、中介组织、各类投资基金进入文化产业领域。

③ 2005~2010 年期间，中国文化产业附加值每年增长 20%。2010 年，中央财政对文化产业示范园区研发资金总投入超过 143 亿元，其中，动漫产业的研发资金投入达到 10 亿多元，占比重最大。

续表

- 2011 年 10 月 18 日，党的十七届六中全会明确将深化文化体制改革、推动社会主义文化大发展大繁荣等重大问题列入主要议程

- 2011 年 7 月 29 日，中央文化体制改革领导小组批准成立中央文化企业国有资产监督管理领导小组，并明确在财政部设立具体执行机构为文资办

- 2011 年 7 月 6 日，中央财政直属中国文化产业投资基金在人民大会堂正式举行揭牌仪式

- 2011 年 3 月 5 日，温家宝总理在十一届全国人大四次会议上提出，2015 年，我国 GDP 将超过 55 万亿元

- 2010 年 10 月 18 日，党的十七届五中全会和 2011 年 3 月 16 日"十二五"规划纲要提出，推动文化产业成为国民经济支柱性产业

- 2010 年 7 月 23 日，胡锦涛总书记在中央政治局第二十二次集体学习会上发表关于《顺应时代要求深化文化体制改革，推动社会主义文化大发展大繁荣》的重要讲话

- 2010 年 3 月 19 日，文化产业财政金融专项协调小组会同中国人民银行、中宣部等九部委联合发布《关于金融支持文化产业振兴和发展繁荣的指导意见》（银发［2010］94 号）

- 2009 年 9 月 26 日，国务院出台《文化产业振兴规划》

二 研究问题的提出

方位决定方略，方略明确使命，使命昭示未来。上述一系列政策的出台实施，必将推动中国文化产业持续高速发展。随着新技术革命的迅猛发展，一方面使文化产业的生产内容、商业模式、管理手段及消费方式均发生深刻变化。比如，截至 2012 年 9 月 4 日，全国文化系统承担改革任务的 2102 家国有文艺院团中，已基本完成改革任务的 2038 家，占比超过 95%。另一方面，文化产业业态与生态的不断协同，也推动了文化产业的转型、升级与创新。这实际上构成了国民经济发展的一个宏观背景，即文化产业发展规划将作为一种宏观调控手段来定位；而在产业规划内部，最大的进展是关于产业发展规划的公共政策属性的认识。文化产业日益走进公众视野，也有其历史进程。

20 世纪 40 年代，法兰克福学派的阿多诺（Adorno，T. W.）、霍克海默（Horkheimer，M.）与同时代的本杰明（Benjamin，W.）的严重分歧引发了对文化立场的争论。事实并未出现法兰克福学派所预计的"资本主义

系统结构性崩溃",反而在产业化过程中,应运而生的文化消费市场促成大众文化的普及,使文化不再属于部分社会精英。此前由工业化导致的大量城市化人群集聚,文化产业则为人们提供了满足其文化需求的必要途径。伴随着大量新的信息科学及技术不断涌现,尤其是 20 世纪中叶以后,全球产业逐步从工业型功能向服务型功能转变,第三产业中文化产业发展迅猛,出现了具有世界级影响、以先进内容开发能力为载体、跨国分工协作网覆盖下的文化产业集群(Creative Cluster Conference,2007 U. K.),如英格兰北部城市舍费尔德及其"文化产业园区"、南伦敦的路易斯翰的"创意商业企业区"及加拿大魁北克文化产业基地等。这种由多要素、多主体、多种联系形成的典型复杂系统集合体,由于开放性、兼容性、非线性和不确定性等特点的交织,表现出集群系统特有的动态演化过程。Philippeartin 和 Giamarco I. P. Ottaviano 综合了 Krugman 的新经济地理理论和 Romer 的内生增长理论,建立了经济增长和经济活动的空间集聚间自我强化的模型,进一步验证了著名的缪尔达尔"循环与因果积累理论"。继区域经济增长极理论(Barro,1950[4])之后的研究发现,文化产业对经济的拉动作用要远大于对 GDP 的贡献率(Kibbe ,1982[5];Beyers ,2002[6];Dominic Power,2002[7];Allen,2004[8]),文化产业的价值创造功能及集群竞争力(柯可,2001[9];冯子标、王建功,2007[10];童泽旺、郭建平,2008[11];王林、顾江,2009[12];史征,2010[13])已不容忽视。我国文化产业经多年的努力发展,已经取得了巨大进步,实力和规模都在不断提升中,而且日渐壮大的市场主体、初步形成的市场体系,逐渐都成为国民经济发展中的新的亮点。作为"十二五"期间的支柱型产业①,2009 年,中国文化产业增加值 8400 亿元,已接近英国、并约为美国文化产业增加值的25%;2010 年,中国文化产业实现了 11052 亿元的增加值,占同期国民生产总值的 2.75%。以此估算,文化产业如果要在 2015 年成长为支柱产业,其总量就应该达到国民生产总值的 5%(即 27500 亿元),则 2010～2015 年的年均增长率要达到 20%,发展空间十分巨大。这在给嗅觉灵敏的投资

---

① 国际上一般认为,只有当产业增加值占 GDP 的比重达到 5% 以上,才能称之为支柱产业。

者带来无限的想象空间之余,学界有责任深度思考究竟怎样以崭新视角审视中国文化产业的价值支撑和卖点所在。

研究发现,与国外市场经济发达条件下所形成的"原发型"文化产业集群不同,我国在文化产业形成路径上更倾向于走"嵌入型"文化产业集群模式。究其原因,主要是"原发型"文化产业集群现实中容易产生类似制造业产业集群的产业链"高端流出、低端流入"的逆向转型升级,缺乏技术创新激励环境。由于自身融资能力及研发条件的限制,民间企业家在起步阶段往往会瞄准那些传统产业中资金投入不大、技术含量不高的低端产品;同时,低端产品的生产很难建立起有效的进入壁垒,一旦证明有利可图,周边群众就会纷纷效仿,进而形成同类小企业的区域性集聚;温州一带"一村一品,一镇一业"的乡镇企业群落就是"内生式"低壁垒产业集群(ILC)的典型代表。但也正好表明"原发型"文化产业集群在国内难以存活的现状。此前文化部公布的三批包括 135 个国家级文化产业示范基地和 4 家国家级文化产业示范园区的建设历程告诉我们,在当代中国政府驱动的"嵌入型"模式有可能构筑真正意义上的文化产业集群,它们代表了中国未来产业的发展方向,为现今面临"资源瓶颈"的全球经济带来了发展的新契机。

但在此,我们也听到不少负面的声音:比如企业借文化之名圈地牟利,有关专家表示,很多地方将"文化"二字作为吸引开发商进入的动力,主要在于项目带有公共利益性,土地价格非常便宜,配套费用低,手续简单,开发成本相对较小,但是一旦将地拿到,其后期运营状况令人堪忧。"现代证券之父"Benjamin Graham 认为,所谓投资是"经过详尽分析之后,本金安全而又有满意回报的相应操作"。那么,与此不同的就是投机。二者都是证券市场中基本的交易活动形式,它们最基本或核心的区别,在于能否给操作者带来安全性的收入[14]。在防止大量盲目的"追随者"造成"羊群效应"引起地价更加急剧升高的情况下,同样不可因噎废食;相反的,却更需要通过主动寻求一种创造性文化增生的范式实现文化的包容性发展。唯有如此,我们才能试图通过文化产业园区的打造形成中国真正意义上的文化产业集群,实现文化治理而非文化管理。

因此，当历史生态景观与地产契合于商业价值的增值时，文化产业随着文化企业的"扎堆"积累"人气"，逐渐形成满足相关企业共生的区域集聚化条件，将推动文化产业向纵深发展。但是，这种模式是否可以实现向真正意义上的文化产业集群回归？为什么有的产业集群在一个区域可以不断地"嵌入"当地的社会经济系统，而有的产业集群却像迁徙的候鸟，需要重新寻找更适合其发展的区域？正如经典的论著中胡弗做过的比喻："这很像某几类种子随风飘落。种子可能随风飘到几英里外，才终于落下，没有任何东西起作用，使它们能够选择特别有利于发芽的地点。有的落到了好地上，很快就苗壮成长了，有的落到了不毛之地或杂草丛生之地，枯死了。恰遇到好地，存活了。因此，这些植物的分布，年复一年，总跟有利生长条件的分布如出一辙。"因此，根据干预主义政府职能理论①，研究特定的文化、制度要素对文化产业空间格局的塑造及对中国本土文化企业的影响，进一步地，为避免公共事务退化和可持续利用公共事务提供自主治理的制度实践基础就成为当前学界重要而迫切的课题。事实上，文化产业在发展中国家的发展使政府职能也发生了显著的转变，文化部门开始承担提供公共产品、公共服务和弥补市场缺陷的角色，改变以往在市场方面介入过多"越位"和在提供公共产品方面明显"缺位"的现象，服务于文化产业发展的能力明显提升。所以，2009年诺贝尔经济学奖得主奥斯特罗姆教授把整个公共事务管理体制看成是互动的多个公共控制机构构成的体制，是一个自发创造秩序又与其他公共控制机构在同一层次或者不同层次上综合在一起的多元体制，其理论的最大贡献在于综合了政治学与经济学两个学科的同时，又超越了政治学和经济学，让人们重新审视了针对市场失败的政治解决方案远远多于简单的福利经济学的观念。

①　干预主义政府职能理论的代表人物是凯恩斯，他在1936年出版的《就业、利息和货币通论》一书中提出，要全面增强国家的作用，政府不应该仅仅是社会秩序的消极保护者，而且还应该是社会秩序和经济生活的积极干预者，特别是要熟练地、有效地利用政府的财政职能影响经济的发展。政府在区域经济中的作用，在凯恩斯主义出现后才被理论所承认。

第二节　研究意义

一　理论意义

以全面的"扎根"立场为方法论取向,直面中国现实,通过揭示生态景观情境,观察和剖析中国文化产业集聚发展的市场现状与政府职能,注重由此引起的区域经济发展产业联动与空间联动。

二　现实意义

产业经济发展实践也将促使我们思考并和学界一起寻找,在今日中国社会巨变的格局中,如何依靠中国本土文化企业及政府的才能和智慧创造未来可持续发展的文化工业园区。

第三节　研究思路与研究内容

一　研究思路

本书内容界定为:"从生态景观视角下的'嵌入型'文化产业集群模式重新理解协同创新:(来自中国文化产业战略联盟的)理论与经验研究",其中,我们的研究角度有以下几个侧面:

首先,从"问题"的视角研究"嵌入型"文化产业集群模式。试图思考并寻求文化建设投入与产业创新的协同,科技投入与产业创新的协同,经济发展与产业创新的协同问题。这些问题是我们要关注的重要内容。

其次,从"理论"的视角研究"嵌入型"文化产业集群模式。具体包括"产业集群"和"文化产业集群"的形成发展理论,"嵌入性"概念的内涵与外延及"嵌入型"文化产业集群的前沿研究;价值生产及实现四环节在当代文化产业发展过程中的现实对应,并由此构建"嵌入型"文化产业集群发展的可能性与可能的框架。

再次,从"情境"的视角研究"嵌入型"文化产业集群模式。当我们试图回答"文化产业什么样的发展协同是有效的协同"或"如何协同才能有效地实现文化产业创新的目标"时，我们总是无法给出确切而唯一的答案，这根源于，不同时间、地域、组织、行业等对协同创新有效的要求不同，即文化产业研究必须关注此时、此地的环境特征。基于此，本研究的一个重要内容是寻找在产业、组织、组织外环境等各个层次上影响产业集群创新性发展有效性的情境因素，并经数理分析加以归纳，判断可能导致的因果关系。

最后，从"行动"的视角研究"嵌入型"文化产业集群模式。通过将文化企业与组织互动中的变化，来理解文化产业集群演进模式，意在强调这种变化是如何发生的？有没有共性的类型和规律？该视角我们称之为"行动"的视角。笔者借助系统理论和模型技术的综合运用，表明以生态景观建设带动的文化产业集群在现实中不但可以存活而且呈正反馈机制，或可证明文化产业作为新型经济发展方式在当代中国的实践路径。

二　研究内容

本书共分为九章，具体内容如下：

第一篇"绪论"的第1章"绪论"部分，简要地阐述了本书的选题背景，并介绍了研究意义、研究内容、研究方法以及创新之处。

第二篇"综述"由第2章"文献综述"与第3章"文化产业发展综述"组成。其中，第2章"文献综述"部分回顾了产业集群、文化产业、文化产业集群的相关理论。在着重阐释产业集群的概念渊源、形成机理、发展理论等前提下，对产业集群、文化产业集群发展的国内外理论进行了述评，指出各理论的精髓及遗憾，强调对我国"嵌入型"文化产业集群情境研究的现实意义。第3章"文化产业发展综述"部分，以对"文化""文化产业"的含义解析为基础，分析其产业发展特征，在此基础上调研了我国文化产业及其园区发展概况，重点结合陕西文化产业园区发展现状，指出其中存在的问题及需要解决的几个方面，为后续研究进行铺垫。

第三篇"文化产业运行的经济学分析"由第4章"生产阶段"、第5章"流通阶段"、第6章"分配阶段"及第7章"消费阶段"组成。根据马克思《资本论》社会生产及其价值实现、价值延伸、利润平均及价值实现过程依序，分析了文化产业的"生产""流通""分配""消费"四环节，第4章重点解决"文化是否创造价值""如何衡量文化产业价值及其在现实中的分配"等问题；第5章重点解决"流通中文化产品的价值是否以及如何得以延伸"等问题；第6章重点解决"如何衡量文化产业价值及其在现实中的分配"等问题；第7章中则思考并解决了"当前文化消费的特点及趋势"等问题。

第四篇"文化产业集群再生产分析"由第8章"文化产业集群形成的系统动力学模型"和第9章"'嵌入型'文化产业集群演进仿真"组成。

其中，第8章"文化产业集群形成的系统动力学模型"部分，重点识别文化产业集聚的影响要素，并对要素之间的相互作用关系进行实证分析；对文化产业集聚体系进一步解构，认为影响其发展的动力机制分为地理租、产业租和组织租。地理租包括地域文化因素、文化市场因素、机遇及预期因素；产业租包括人力、资本、技术等的生产要素因素；组织租指契约制度因素（包括区域文化产业法规政策、区域文化产业管理模式）。各要素系统及系统内诸要素通过直接或间接的途径来影响文化产业集群的形成与发展，以此应用系统动力学知识构建区域文化产业集聚创新支持体系模型，并赋予相应方程。

第9章"案例研究"部分，以全国首批典型文化产业园区——曲江文化产业示范区数据为基础，并对模型进行仿真研究。在前面理论分析的基础上，对陕西西安文化产业集群发展动力因素进行具体分析，对其三重动力因素进行系统分解，找出西部地区发展文化产业集群的优势和劣势，为西部地区文化产业集群发展对策的提出提供实践依据。

第五篇"文化产业集群发展路径"的第10章"'嵌入型'文化产业集群的创新发展"部分，提出了"生态景观"驱动型区域文化产业集群发展战略，以及在此基础上的政府实践对策。本书认为，"嵌入型"文化产业集聚模式的培育，对提升文化产业集聚创新能力、促进区域经济的持续高速发展有着重要而深远的意义，进而提出西部地区文化产业集群发展思路、主要选择的集群模式及需要政府在政策、法律、各种服务方面提供的相应支持。

第六篇"结语"的第 11 章"总结与展望"部分，为笔者的总结与展望，以客观总结本研究取得的进展，并提出其中的不足之处与展望。

本书框架图如图 1-1 所示。

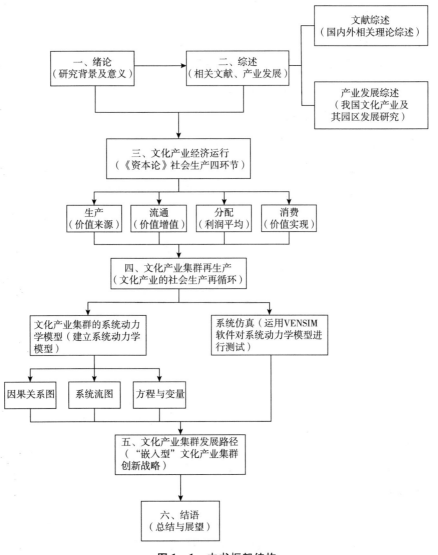

图 1-1　本书框架结构

第四节　研究方法

一　多学科视角下的文献研究

在查阅大量文献、收集若干数据和各种有用的资料后,本书系统地梳理了国内外产业集群、文化产业集群和"嵌入型"文化产业集群的相关文献,理性分析了三者之间的内在逻辑关系。对产业集群的研究,涉及了古典和新古典经济学理论、新经济地理学理论、新制度经济学理论、新经济社会学理论、新产业区理论。如古典经济学理论强调地理区位、资源禀赋等因素形成的比较优势对产业空间集聚的影响;新经济地理理论则从报酬递增出发,突破了区位因素对产业集群形成的地理壁垒划分;新制度经济学理论则将产业集聚作为一种减少交易成本的制度安排,研究正式、非正式的制度安排对产业集聚的影响;新经济社会学理论则强调基于个体间的非正式的社会关系网络、社会资本对产业集聚的影响。对于文化产业集聚,借助单一理论的解释显然不够,应基于多学科的综合研究视角分析。所以,本书分别归纳了来自以上学科的经典解释,并将其主要影响因素加以提炼,构建了文化产业集聚影响因素的多视角理论分析框架,实现了对前人研究成果的再利用和再加工,进而对相关观点进行了承接、拓展和深化。

二　规范研究与实证研究相结合

规范研究基于一定的价值判断标准,给出对社会经济活动的评价,聚焦于"应该是什么"的命题,以便为社会经济活动提供一种评价标准或行为规范;实证研究则是根据客观事实回答"实际是什么"的问题。本书将规范研究与实证研究相结合,根据研究目标和内容的需要,本书拟构建两类研究模型:第一类是概念模型,主要用于分析以生态景观为契机发展而来的"嵌入型"文化产业集群及其发展路径研究;第二类是数学模型,主要用于分析"嵌入型"文化产业集群构成要素的数理论证研究。本书主要研究数据来自国家和典型地区的面板数据，统计分析工具主要是 SPSS18.0 统计分析软件，对涉及的各个变量进行统计分析，具体包括描述性统计、信度检验、效度检验、因子分析和典型相关分析等，从而得到结论。这些结论对于"嵌入型"文化产业集群提取影响因素，促进文化产业的产业集聚，以及文化产业园区管理的成功实施有一定的参考价值。

三　系统动力学的方法

由于考虑到规划政策具有的特征（即：不可逆性、不可预见性、不可实验性），本书将引入系统动力学方法对规划政策进行分析，其主要目的在于提升发展规划研究者的政策分析能力。可以发现，系统动力学提供了一种概念化、结构化和动态反馈的建模技术，对研究对象进行仿真模拟、分析预测和政策实验。其优点在于：（1）能够结合定性和定量方法，也方便人、机交互和多方参与；（2）能够简洁地表达复杂的、动态的、交互的、反馈的社会现象；（3）能够方便地设定政策变量，并对政策变量进行动态调整测试；（4）所提供的概念性和结构性建模方法，能够适应不同研究成本投入条件下的分析要求。因此，通过定性分析，系统动力学阐释产业经济系统的系统动力学特征，描述产业经济系统结构演进一般模式，并分析产业经济系统结构演进过程中的影响因素；通过定量分析，系统动力学构建出产业经济系统结构演进仿真模型。

四　案例分析

对于回答"如何（How）"或"为什么（Why）"的研究问题，案例研究是首选的研究策略，有利于更为清晰地观察事物发展的过程及其背后的规律。其中，单案例适合于纵向案例研究，即对多个不同时间点上的同一案例进行研究，有助于反映出研究案例在各个阶段的变化情况（Yin，1994）[15]。为了增强本书的实证性，文中选取较典型的案例来支持理论基础分析，并以产业集群发展迅速、目前已被列为国家第一批文化产业示范园区的曲江为例，运用本书提出的理论分析框架，对该地区产业集群的发展现状进行了产业投资博弈的比较和解释，以便为进一步推动我国区域文化产业园区的发展提供有效的对策建议。本书采用的研究方法如图1-2所示：

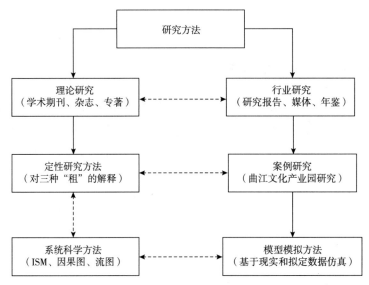

图1-2　本书采用的研究方法

在此，本书讨论仍然以国民经济为本体，引入系统动力学方法为其主要特点，在讨论中，自然地涉及统计学、经济学、公共政策学等交叉学科的内容（见表1-2）。

表1-2　本书涉及的研究学科

涉及学科	与本研究的关系
国民经济学	主要立足点
产业发展理论	理解文化产业经济运行原理，作为建立模型的基础
系统动力学	学习和引入其思想、方法和工具，结合规划政策的分析
公共政策学	理解政策的原理和方法，帮助分析规划政策（如规划政策过程如何影响政策系统，如何制定和执行政策等）
统计学	需要用于建立模型过程的相关分析、回归方程
公共管理学	如何理解政府的权力，政府如何更好运用规划政策

第五节 创新之处

（1）研究视角和思路的创新。首先，从《资本论》的物质产品价值创造出发，思考文化产品及其产业生产特征，在当代中国转轨经济下如何实现价值转型，从而满足社会扩大再生产条件，应是对《资本论》物质产品生产之外的社会财富价值理论的批判性继承。其次，从生态景观视角下政府驱动的"嵌入型"文化产业园区入手，这种切入点的选择避免了将非正式制度中所有因素对集群的影响展开论述可能导致的体系和逻辑上的混杂，不但很好地揭示了中国文化产业集群与"生态景观模式"驱动型区域文化产业园区之间的内在关系，也为"嵌入型"理论在中国产业集群发展应用研究开辟了一条思路。

（2）研究方法应用的创新。针对我国区域文化产业集群演进路径的"嵌入型"属性和特殊发展路径特征，运用资源禀赋的产业基础理论、产业集聚的价值延伸理论、产业集聚的网络组织理论，并结合经济学研究范式，构建以生态景观为发端的区域文化产业集群的系统动力学模型，较好地说明了文化产业集群的演化机制。

（3）研究内容和结论的创新。通过将中国区域文化产业园区的发展纳入文化产业集群的演化机制研究，摆脱了以往就"集群"来研究"文化产业集群"、仅仅从"原发型"模式来研究文化产业集群演化的范式的局限性。对"嵌入型"的研究凸显了三方面的特色：一是明确基于产业集群嵌入性特征分析集群发展与创新关系的独特角度；二是重点强调基于嵌入性内涵的分析；三是以中国"嵌入型"文化产业集群发展与创新提高实践为例进行理论论证与实证分析。而关于"中国文化产业首先通过'景观地产模式'驱动型区域文化产业园区，然后向区域文化产业集群回归"，这一结论也成为本书独特的创新。

第二篇　综述

第二章　文献综述

第一节　产业集群理论研究

一　产业集群概念

随着现代信息技术的突飞猛进，世界经济进入全球化和一体化时代，在此过程中，经济活动的发生已突破地理版图中国界和地区限制，而集中在了一些专业化地方集群里[16]，集群成为"在流动的全球空间中的黏结的区位"（sticky space in slippery place）[17]，世界经济变成了区域化经济的有机镶嵌[18]，这是笔者关注集群现象的初衷。《2009 年世界发展报告：重塑世界经济地理》写道："地区促进在密度（density）、距离（distance）和分隔（division）这经济地理的三个方面实现转换，就能走向繁荣：随着城市发展而增加密度；随着工人和企业向密集地区流动而缩短距离；随着国家降低经济边界和进入世界市场以利用规模优势和开展专业化产品贸易而减少分隔……在这三个方面实现转换是发展的必要，应当加以鼓励。"实际生活中，由于区域经济发展不平衡，出现松散与集聚的分布特征。其中，集聚企业如美国的制造业带（Fritz，1943）、欧洲的蓝橡胶产业地带（Delamaide，1994）和日本的太平洋沿岸工业带（Kitamura & Yada，1977）①。

为什么会产生产业集群？它的演变过程如何？如何通过产业集群这种

---

① 想了解更多关于美国经济活动的空间分布情况，可参考 Holmes 和 Stevens（2004）；欧洲的相关情况可参考 Combes 和 Overman（2004）；中国和日本的情况可参考 Fujita、Mori、Henderson 和 Kanemoto（2004）。

产业组织形式来提高区域整体生产效率,增强产业国际竞争力呢?对众多产业集群现象的理性思考,促进了产业集群理论的发展。本书对各大主流经济学派对产业集群理论的新发展进行梳理,以期对产业集群理论的发展动态有一个比较全面的了解。根据笔者对中国期刊全文数据库《经济政治与法律缉专栏目录》用"产业集群"和"企业集群"分别作为篇名进行搜索发现,自1998~2012年,篇名中含有"产业集群"的文章共4876篇(首篇出现在2001年)。其实,产业集群现象很早就进入了经济学家和地理学家甚至产业组织、技术创新、生态学以及社会学家的研究视野。集群(Cluster)的概念最初是生物学用语,按《简明不列颠百科全书》的解释,它是指个体可能因为环境因素或行为的相互作用引起集聚而形成的群落;学界对产业集群相关概念的阐述也比较丰富(见表2-1)。

表 2-1   对产业集群相关概念发展的总结

概　念	内涵与特征
Porter (1998)	集群是由一系列相关联的企业和其他对竞争有重要影响的实体组成的相关企业和机构在某特定区域地理集中的现象
Feser (1998)	集群包括直接相关的产业以及间接相关的支持性机构
Swann & Prevezer (1996)	集群是基于地理空间集中的产业聚落
Enright (1996)	集群是区域成员企业相互之间紧密集聚的空间组织
Rosenfeld (1997)	集群仅仅被用于代表那些因为地理集聚性和相互依赖性而能够协同生产的企业的集中,即使它们的就业规模可能并不突出
Simmie & Sennett (1999)	集群的创新性主要通过价值链实现,由许多在相同市场条件下运作的、具有高层次协作的大量相互关联的产业中的企业和(或)服务性企业组成
Roelandt & DenHertog (1999)	集群的特征体现为价值增值生产链中相互联系的、具有强烈相互依赖性的企业(包括专业化供给者)组成的生产者网络
Crouch & Farrell (2001)	集群是指在某一特定空间领域,由相互联系的企业和相关的机构所形成的具有共同性与互补性的地域集中群体
Vanden Berg, Braun & Van Winden (2001)	集群主要与网络中地方或区域维度相连,是那些生产过程由于商品、服务和(或)知识的交易而紧密关联的专业化组织网络

资料来源:Martin、Ron & Sunley、Peter,2002,"Deconstructing Clusters:Chaotic Concept or Policy Panacea?" Forthcoming in Journal of Economic Geography, 3, 1 (6 June 2002).

综上所述，产业集群是一群在地理上邻近而且相互联系的企业和机构，它们具有产业联系而且相互影响。通过联系和互动，在区域中产生外部经济，从而降低成本，并在相互信任和合作的学习氛围中促进技术创新。尽管如此，集群中相互学习和促进创新的效应可能产生，也可能不产生。因为产业创新往往存在于产业集聚的区域，然而产业集聚的区域不一定能抚育产业创新（王缉慈，2006）。产业集群的内涵包括：产业区域化或地方专业化的产业特征；经济活动空间集聚的空间特征；网络组织及其社会植根性的制度特征；以"柔性制造＋持续创新"为本质内容的后福特制生产特征。

二　产业集群生成理论

早在中国汉武帝时期，司马迁就对商业交易的重要作用进行了论述，并上升到"自然之道"的高度。司马迁在《史记·货殖列传》说："故待农而食之，虞而出之，工而成之，商而通之，此宁有政教发征期会哉？人各任其能，竭其力，以得所欲。故物贱之征贵，贵之征贱。各劝其业，乐其事，若水之趋下，日夜无休时，不召而自来，不求而民出之。岂非道之所符，而自然之验邪？"《周书》曰："农不出则乏其食，工不出则乏其事，商不出则三宝绝，虞不出则财匮少，财匮少则山泽不辟矣。此四者，民所衣食之原也。"在《周书》中，商业交易的地位更被提到了"无之则三宝绝"的重要地步。

从 18 世纪中叶的亚当·斯密[19]和大卫·李嘉图，到 19 世纪中叶的约翰·斯图亚特·穆勒和卡尔·马克思，这些古典经济学巨匠的思想来自欧洲市场经济的实践：斯密所支持的分散化的市场经济即"看不见的手"①，就是由其出生地爱丁堡的进步以及英国工业化进程中政府的有限角色所激发的；对马克思而言，围绕曼彻斯特工人生产过程的著述也出自对市场经济的考察。当时占主导地位的古典和新古典传统法，则预演的竞争均衡中

---

① 1776 年，斯密在他的《国民财富的性质和原因的研究》第七章"论商品的自然价格与市场价格"中，描述了一种商品经济中特殊的市场价格在长期的、广泛的、动态的过程中自动地围绕着一种平均率的"自然价格"自行调节，上下波动的自调节机制。

"经济人"和单一价格法则之类的简化，反馈着资本主义改变了欧洲与北美的经济，并使之实现了前所未有的高增长（Maddison，1995）。社会财富一旦被生产出来并投入市场进行交易，作为生产者或消费者的经济主体在市场中各取所需，彼此朝着效用最大化的目标努力，社会福利无形中随个人最优的实现而增进，社会资源得到最优配置。

近时，诺贝尔经济学奖获得者布坎南曾说，经济学研究焦点即长期以来学者所关注到的市场经济学。[20]哈耶克教授与之有同感，他的市场交易主张表明，"作关于经济起源的探讨必然导致自动调节的原理，被当作调查研究题材的交换经济学，将会直接关注到生活中的协议、契约、交换过程、交易。这个原理可能也是经济学理论本身真实的'原理'"。

由此看来，无论东西方均很重视市场的存在及其意义，而根据产业集群的定义，显然是来自经济主体趋利避害的本能。

基于区位选择与成本节约、收益增加的视角，对产业集群的早期关注承继了古典经济学比较优势或外部性引起的收益成本核算理论（亚当·斯密，1775；李嘉图，1890；马歇尔，1920[21]）及区位优势理论（杜能，1930；阿尔弗雷德·韦伯，1909[22]；廖什，1940）。上述从供给分析的理论思想，影响着后来所有与地理空间因素有关的经济活动的实践和理论研究。从组织演化的观点分析，以 Hannan 和 Freeman（1977）的演化观点（Population Ecology）可用来解释集群的产生。新经济地理学试图通过研究经济活动的空间分布规律，把主流经济学不曾重视的地理区位因素纳入到社会经济一般均衡的分析框架中，来解释现实中存在的不同规模、不同形式的生产空间集中机制，并由此探讨区域经济增长的客观规律与实现途径（Krugman，1991[23]；Krugman & Venables，1995[24]；Fujita，Krugman & Venables，1999[25]）。Florence（1944）[26]注意到经济体地理空间连续性趋势。Perroux（1955）[27]所提出的非均衡增长战略，是通过发达地区作为"增长极"对周围欠发达地区经济起飞的带动作用来实现的，该"推动性单位"由此具有经济向心力。Gurmar Myradal（1957）[28]指出，经济发达地区（增长极）对其他落后地区具有类似"回波效应"与"扩散效应"的循环机制，由此提出的"地理上的二元经济结构"论以及相应的政策主张是对区域经济增长理论的进一步发展。Romer（1986）[29]、Lucas（1988）[30]在新增长理论中分别采用外部经济分析法构建了他们的增长模型。特别是近几年来，Martin（1999）[31]、Baldwin（1999）[32]、Ottaviano（2001）[33]等新经济地理学家又进行了把原来的静态模型动态化的努力，试图把经济增长和空间集聚放到统一的框架下进行研究。在此基础上，Martin 和 Ottaviano（2001）[34]用空间集聚间的自我强化模型对集聚经济的区域经济增长效应进行分析。威廉姆森的制度经济学观点（Williamson，1993[35]），使新竞争经济学从竞争优势的角度论述了产业集群理论（Michaele Porter，1990[36]）。而 Shefer 和 Frenkel（1998），Malmberg（1996），Capello（1999），Harrison、Maryellen 和 Gant（1996）等学者，进一步将集群内的地理因素、文化因素、习俗等视为集群竞争力的影响因素。以上经典理论演进如下：

1. 马歇尔外部经济理论

马歇尔首先提出外部经济理论，认为产业集群有利于技能、信息、技术、技术诀窍和新思想在集群内企业之间的传播与应用，从而产生"外部经济"。该理论强调：（1）当地专业知识的交流与创新的环境因素。Storper 和 Venables（2002）[37]进一步探讨了"产业空气"的本质，认为集群企业的社会根植性是知识溢出的根本条件；（2）集群内产业链的完整性因素；（3）存在专门劳动力市场因素；（4）集群现象衍生出的降低企业经营成本的因素；（5）集群形成并发展的开放的市场结构因素；（6）集群内企业尤其是中小企业的相互信任程度因素。

2. 产业区位理论

产业区位理论对产业集群问题十分关注，其主要代表人有韦伯（Alfred Weber，1929）、胡弗（E. M. Hoover，1937[38]）、巴顿等。

韦伯历来重视由于区位对微观企业生产成本的影响，并专门为此写了《区位原论》的著作。书中他将区位划分为"区域"和"位置"，前者决定企业成本（运输成本和劳动成本）是否得到节约；后者则影响到集聚与分散的产业空间布局。

胡弗在 20 世纪初研究后提出，产业集聚存在一个最佳规模，即在单个企业、企业联合体乃至产业规模经济三层中，至第三层意味着产业集群具有的规模经济。

3. 克鲁格曼新经济地理理论

当代新古典经济学家保罗·克鲁格曼探讨了产业聚集的动因，他的探讨主要从经济地理的角度进行（Paul Krugman，1991[39]）。与被马歇尔使用的外部经济概念有所不同，克鲁格曼更注重的是所谓一般与需求供给关系相联系的外部经济，而不是限定在特定产业内的纯粹的技术溢出效应。《递增收益与经济地理》是1991年克鲁格曼在《政治经济学》期刊上发表的文章，该文将空间集聚的思想引入正式的经济分析中，以规模报酬递增为理论基础，在"规模报酬递增、不完全竞争经济学、路径信赖"等一系列假设下发展了集聚经济的观点。遗憾的是，他所构想的"中心－边缘模式"的要素回报，只在集聚发生的区位的有限的空间领域中发生，而对于远距离的交易成本（如交通费用和空间通信费用）在实际中则存在净收益的增长边界（Krugman，1993，1995；Fujita & Krugman，1995；Fujita & Mori，1997）。另外，克鲁格曼还指出了集群的"路径依赖"，在偶然历史因素的作用下发生并建立起区域专业化后，就可能在外部规模经济的作用下持续运行，区域发展由于被"锁定"出现所谓的"路径依赖"。

当现代社会关系扩展至社交网络，仍有学者认为地理相近有助于网络成员间互动，并主张在产业集群内的企业要善于建立良好的网络关系，并且维护与地区公共团体良好的关系以获取新信息、新想法和新机会（McEvily & Zaheer，1999）[40]。

4. 波特竞争优势理论

回顾该理论，自《企业集群和新竞争经济学》一文的发表，就标志着Porter已独辟蹊径地将注意力由产业内部的关联与合作转移到产业的发展中，认为微观企业竞争力源于低成本或技术创新，而这两项优势的获得有赖于宏观环境的整体改善。所以，是否独特的环境可以催生出产业规模化发展初期所需的关键因素？

在调查了10个国家、地区，精心研究了5年后，1990年Porter教授和他的团队完成了著作《国家竞争优势》。正是在该著作里，主要由四个基本的因素（需求条件，相关及支撑产业，要素条件，企业战略、结构与竞争）以及两个附属要素（政府、机遇）组成国家竞争优势的"钻石模型"被提出。这 6 个因素的相互影响，产生了关于产业发展的一个动态系统，解释了每个层面间是如何相互影响的；由于产业发展所需要素及产业本身特征，该动态系统体现为某个产业簇群的空间集聚，而并非一般所认为的区域经济平衡式发展，呈辐射状吸聚周边生产要素的进一步集中。在此，Porter 认为，形成产业集群的生产要素有基本生产要素和高等生产要素之分。基本生产要素多指产业发展所需先天要素的禀赋，如地理位置、自然资源、气候条件、初级劳务工人等；高等生产要素更注重产业发展后天创新能力的培育，如高素质人力资源源源不断地补充、周边发达的网络资讯、相应科研机构院所作为"智慧库"的存在等。可以得出，因为交通通信和商品贸易的迅速发展、可替代原材料的增多等，基本生产要素对于产业发展的重要性日趋下降；与此同时，高等生产要素在公开市场上由于较难获取而显得日益重要。而且，对高等要素的开发并非一蹴而就，需要耗费大量社会资源以及科学的组织运作。

Nohria（1992）[41]认为，产业集群内的企业会通过专业性、社会性及交易性关系，彼此分享意见、解决问题的方法及各种相关新技术、新信息从而获得竞争优势。

谢洪明、蓝海林（2004）[42]，谢洪明、刘跃所（2005）[43]的研究也表明，企业战略网络的关系结构对提高企业竞争力有重要影响。

5. 新制度经济学理论

新古典经济学视市场对资源的配置作用为其核心观念，因为市场经济下的双方供需价格信号能自动实现社会资源的最优配置。新制度经济学从企业边界的角度继续证明"市场"的存在必要性。

新制度经济学企业理论所关心的核心问题，是企业产生的必要性是什么。科斯定理提出实现帕累托最优的两个条件：其一是交易成本为零；其二是产权边界清晰。企业因节约了市场交易费用而存在，但必须为此支付企业生产经营组织费用，当节约的费用与增加的费用在边际上相等时，企业就确定了其边界。只是在现实生活中，科斯所说的清晰的企业边界不是简单的判断，在市场与企业之间还存在一片过渡区域。

围绕科斯所提问题，新制度学派研究讨论后认为，直接的等级性配置手段是企业，由价格机制指导的资源配置的自动协调是市场。依据契约经济学的看法，企业可以说是权威机制对市场价格机制的取代，并且是劳动力要素的长期契约对中间品要素的短期契约的取代，而市场则是价格机制之契约承载体。

阿尔钦（Alchain，A.，1972）[44]与德姆塞茨（Demsetz，H.，1968）[45]从团队协作的角度论证了企业产生的原因，即通过团队生产所获得的产出大于他们单独分散生产所得的产出之和时，企业就产生了。

威廉姆森认为，集群的出现填补了单纯市场与单纯企业两级之间的一种"混合"的中间形态组织空白（Oliver Willamson，1991[46]），在交易的不确定性、交易频率和资产专用性三个交易特质指标居于中间状态时，解释混合的中间规制组织结构何以有效率，但由于其对事后机会主义的过度关注以及对有限理性不彻底的使用，体现出经验主义局限。与企业理论相比较，中间组织理论对传统的经济理论对于组织的两分法提出挑战，采取了更广阔的视野，从而有效避免了过去"企业与市场之间直接协调与自动协调的两分法，易使人误解是性质截然不同的协调方法，却忽视了企业间合作的事实"（Richardson，1972）[47]，突出了集群产生的必要。

拉森（1993）[48]继承并修正威廉姆森的分析框架，将资源依赖的观点引入到交易分析中，在较低的召集成本、较高的内在化成本或行为者之间信任强度较高时，对特定资源的依赖越有可能借助企业间契约的网络共同体即中间性组织完成。

Candance Jones（1997）[49]在结合社会学理论基础上，从"嵌入型"角度重新阐释中间性组织，意味着不再如 Larsson 和 Willamson 仅仅从交易类型视角研究协调制度形式的框架。

6. 新经济社会学理论

西方学术界把新经济社会学理论看成是西方研究经济与社会关系的三大视角之一（Holton，1992）。新经济社会学的形成，一方面是在当代以斯梅尔瑟等为代表的西方经济社会学的最新发展，另一方面也是社会学和经济学继续融合来回答新的社会经济问题挑战的结果。

以 1985 年格兰诺维特的《经济行动与社会结构：嵌入型问题》一文（Granovetter，1985）为始，并以美国社会学学会（ASA）正式提出"新经济社会学"这一概念为该学科建立标志。其主要代表人物包括格兰诺维特、斯威德伯格（Swedberg）、伯特（Burt）、扎利泽（Zelizer）等。

该理论主要提出以下理论主张：（1）经济行动是社会行动的一种。经济主体深受所处社会的社会价值观念、规范等因素影响，并非简单的个体理性决策行为。（2）社会定位经济行动。经济行动者间次数非常频繁的联系和交往形成了群体关系网络，无数个互相联系的网络在更大层面上又形成了其所依赖的社会结构。（3）经济制度是一种社会建构。经济制度无疑是在经济活动者之间的持续稳定社会网络互相作用过程中产生的，但是，如果像新制度经济学的观点认为的那样，经济制度无非是单纯地解决经济问题的最高效安排，并且它具有明显的路径依赖性的话，事实就并非如此了（Swedberg & Granovetter，1992）[50]。

7. 新产业区理论

新产业区理论的研究，始于 20 世纪 70 年代初对意大利东北部和中部地区中小企业集群发展的研究。意大利社会学家巴格那斯科（Bagnasco）首先提出新产业区的概念，他认为，新产业区就是在产业区上加上一定的社会文化，他在研究"第三意大利"现象后认为新产业区的本质是柔性专业化。斯科特（Scott，1988[51]；Scott & Christopherson，1987；Scott & Storper，1992）沿袭了"柔性专业化"导致劳动社会分工加强的观点，并运用交易费用理论解释产业集群的形成机理，认为最具有发展动力的集群通常是以现有的社会文化准则为基础的集体制度安排。因研究重点不同，新产业区理论包括新产业区学派、新产业空间学派和创新环境学派。总体来说，该理论认为，新产业区是指集群内不同企业的人们具有相同价值观和行为规范的一种文化共同体。由于这种共同体特征，新产业区具有很强的区域一致性、集体企业家、柔性专业化、竞争与合作共存、信息的迅速扩散、经济和社会的融合、很强的集体一致性等特征。新产业区理论主张，区内各行为主体通过中介机构建立长期的稳定关系，结成一种合作网络，共同营造一种独特的区域经济环境。"嵌入"或根植性（embeddedness）被看成是新产业区与传统集聚区的根本区别之一。

综上所述，根据经典理论发展思路，绘图如图2-1。

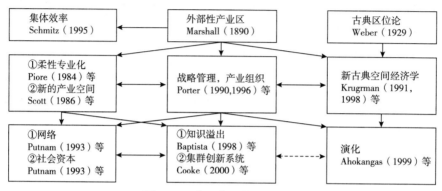

图2-1 产业集群的理论关联

资料来源：参考 Bergman in pursuit of innovative clusters，2001。

三　产业集群发展理论

集群形成之后如何继续发展？Porter（1998）[52]、Swann（1998）[53]、Bruso（1990）[54]、Van Dijik（1997）以及 Wilson 和 Singleton（2003）[55]等，基于生命周期思想提出了集群发展阶段观。与此同时，一些研究开始从资源依赖观、种群生态学和制度理论等组织理论视角，研究集群演化的内在机制（Baum & Mezias，1992[56]；Pouder & St. John，1996[57]）。在此基础上，Tan（2006）通过对中国中关村集群的案例分析拓展了这一框架，提出了不同创新方式在集群阶段转换中的作用。研究认为，产业的空间集聚对于公司的行为和绩效有着显著的影响，例如产业集聚有利于提高企业生产率（Ciccone & Hall，1996[58]；Henderson，2003[59]），对企业的组织结构产生影响（Holmes，1999[60]；Li & Lu，2009[61]），对企业创新行为也会有重大影响（Feldman & Audretsch，1999[62]；Carlino，Chatterjee & Hunt，2007[63]）。基于创新与集聚优势视角，继熊彼特于20世纪30年代末首先提出技术创新理论后，弗里曼（C. Freeman）所做的开拓性贡献是将创新理论视为整体[64]。伦德瓦尔（B. A. Lundvall）[65]等人所倡导的国家创新体系理论，认识到包括许多经济主体合作博弈的创新过程涉及组织内部的制度安排与组织外部的系统环境，强调根植于结构化和制度化体系的国家经济创新能力。20 世纪 20 年代，一批英国扩散学家从人类学角度研究扩散，由此开创了传统学派。此后，其他一些研究者们更深一步以技术创新扩散为研究中心，大规模地进行了理论性方面、实证性方面以及应用性方面的研究，提出了多种创新扩散模型（Bass，1969；Chatterjee & Eliashberg，1990；Easingwood et al.，1983；Horskey，1990；Jain et al.，1991；Jones & Ritz，1990；Kalish，1985；Monahan，1984；Simon & Sebastian，1987；Tapiero，1983；等等），所以，我们可以说技术创新扩散的研究已经取得了相当的进展。尽管大量理论和实证研究都表明集群创新具有优势，然而很少有学者就集群企业是不是更具创新性进行检验。Swann（1998）[66]和 Baptista、Beaudry（2001）[67]都对英国的创新数量或者专利数量进行了研究，其结果表明处于产业集群的内部的企业的确比外部孤立的企业更具有创新优势。Beaudry 和 Breschi（2003）[68]通过对比 23872 家英国企业和 37724 家意大利企业在 1988～1998 年间的技术创新产出数据发现，企业的集中不会促进创新，只有当创新型企业聚集在一起，这时才会促进创新。

在现今全球产业价值链分工与区域整合趋势下，产业集群的国际化俨然已成为产业集群发展的新趋势，因不同动机与目的而形成不同类型的全球化跨区域产业集群合作模式（Bahrami & Evans，1995；Ahuja & Katila，2001）。在全球化背景下，外部参与者（比如全球购买者）在塑造集群的增长途径上起了很重要的作用（Schmitz & Nadvi，1999）。而成功嵌入价值链的关键因素是集群升级（Pietrobelli & Rabellotti，2002），它是一个连续性系统运行的过程，需要集群企业相互配合才能更好地推动整个集群的升级。同时，集群改变知识存量速度一般较为激进（Humphrey & Schmitz，2000），在此情形下，集群的快速升级就必须将内外部资源充分利用并有效使用（Nadvi & Halder，2002）。

Gereffi 等（1994）提出的 GCC（Global Commodity Chain）理论，研究全球范围内的产业如何联系，完整的产业链主体有哪些，如何勾勒出这些主体间关系，强调全球购买者在全球范围内的生产分销网络中，如何发挥生产驱动效应,但未深入揭示网络各种不同的结构模式。

Kaplinsky(1998)用全球价值链(Global Value Chains,GVCs),来讨论全球化背景下发展中国家摆脱简单的制造业大国角色,使其传统产业部门从 9 个领域中(资源、政策、技术、人力资源、组织关系、生产、营销、基础设施、融资)积极获取经济租金以实现未来经济显著增长。进一步研究发现,这 9 种经济租其实是公共、私人部门共同推动下的价值链各相关环节的增值。

Gereffi(2001)根据 GCC 理论和实证研究结论,提出了 GVC(Global Value Chain)框架,全球价值链各环节在地理空间上分离越来越明显,形成了全球离散布局的地理特征,各自集聚成群,分离出去的各个价值片断一般都具有高度的地理集聚特征。

Coe(2004)综合了 GCC、GVC 和主体网络理论(ANT),基于权利、价值和"嵌入"的交互概念,提出 GPN 方法。该方法产生于经济地理的研究中,研究全球范围内,通过产品和服务连接起来的相互联系的企业和非企业组织形成的生产、营销和消费的基本结构和关系,目的是揭示跨国生产体系的多主体和多元合作形式,强调系统的区域分散性、制度复杂性、动态性和全球网络联系。GPN 方法致力于提供一个包括时间和空间维度的研究框架。

Levy(2007)认为,GPN 同时包含了经济政治现象,超越了国家界限的主体、机构和规则组成的连接关系,包括主体间的互动、经济关系的形成演化、治理结构、正式以及非正式制度规则等,是一种单独组织形式,而不仅是 Gereffi 和 Kaplinsky(2001)所认为的介于市场和企业之间的混合组织形式。GPN 也是社会和文化现象,GPN 的结构与特征也受到经济、社会和文化尤其是技术的影响。

GCC 和 GVC 框架涵盖了多维地理空间,尤其是提出了全球化视角,但空间问题被高度简化为"核心 - 外围区域",而且过于强调区域政策等制度因素对于经济发展的影响。从 GCC、GVC 与 GPN 的比较来看,GCC、GVC 方法基本线性,而 GPN 方法致力于构建网络结构;GCC、GVC 方法主要考虑企业间交易关系,而 GPN 方法则强调多元和异质主体,以及区域经济与全球化关系；一般认为，GPN 网络的社会和文化成分比经济成分更多，这也是 GPN 框架的优点所在，因为 GPN 框架研究不同区域和不同层次的主体。

我国国内学者相继从产业集群概念（曾忠禄，1997[69]；徐康宁，2001[70]；王冰、顾远飞，2000[71]；刘友金、黄鲁成，2001[72]；郑胜利、黄茂兴，2002[73]；魏后凯，2004[74]；朱英明，2004[75]；沈群红、胡汉辉、封凯栋，2011[76]），集群组织属性（吴德进，2004[77]；杨瑞龙、冯键，2004[78]；李恒，2005；李凯、李世杰，2007；陈柳钦，2007），集群形成机理（陈雪梅，2001，2003；付正平，2002[79]；魏守华，2002[80]；郑健壮、吴晓波，2002；李宁、杨蕙馨，2005；李楠，2007[81]；张志文，2009[82]），集群竞争优势（徐康宁，2001；盖文启，2001[83]；骆静、聂鸣，2002；胡军、盛军锋、郑海天，2003；蔡宁、吴结兵，2002[84]；朱英明、陆洪芳，2006[85]），"外部性"引起的知识共享（王冰、顾远飞，2002；陈鹏宇，2002；陈剑锋，2003；魏江、申军，2003），产业网络（王珑，2002；蔡铂、聂鸣，2003；刘晓、魏江，2003；吴向鹏，2003；易明，2010），区域经济理论（王缉慈，2001[86]，2005[87]；魏守华、王缉慈、赵沁雅，2002）等方面进行学理阐释，又进一步从实证角度进行了跟踪研究（朱英明，2003[88]；吴林海、陈继海，2003[89]；王裙，2001；徐维祥，2001；胡军、盛军锋，2002；李新春，2002；陈雪梅、赵坷，2002；魏守华，2002；胡艳曦、陈雪梅，2002；封凯栋，2002；朱磊，2002；范磊、陈继祥、戴芳，2006[90]；罗勇，2007[91]；泮策，2010[92]）。

进一步地，国内学者运用创新系统方法，将集群思想引入到当代企业管理中，从多个方面剖析了集群管理的概念（李宝山，1998[93]）及一种集"研究开发、人才教育、知识转移"为一体的创新模式（张保明，2002[94]；任寿根，2004[95]）；着重研究了企业创新系统构成及利用模糊评价法的创新系统主因素分析（曹成，2008[96]；张卫国、徐维军，2006[97]），提出了企业包括战略集成、知识集成与组织集成的集群创新理论框架（陈劲，2002[98]）即研究集群如何促进知识和技术的创新和扩散（蔡铂、聂鸣，2006）；从知识黏性角度分析了集群创新的三阶段特征（郁培丽，2007[99]）；从集群创新角度，将技术创新过程与集成思想相结合，构建了企业集成创新的过程模式（张方华，2008[100]），并提出了基于创新的产业集群发展路径（胡汉辉，2002[101]；吕卫国、陈雯，2009[102]），甚至通过引入"场论"构建了产业集成创新的作用力关系模型（王国红，2010[103]）。另外，研究了高同质性在产业集群技术创新过程中所产生的阻滞作用（陈畴镛，2010[104]），提出产业集群对技术创新激励作用的质疑（孟浩，2005[105]）以及国内集群创新环境的亟待培育（魏后凯，2006[106]）。

在对产业集群现象不同专题的研究中，我国学者也形成了各具特色的研究团队（见表2-2）。

表2-2 1992~2012年国内产业集群理论研究代表性学者的地域分布

地 域	代表性学者	学科背景	研究论题
北京	王缉慈研究团队	经济地理学、经济学	产业集群理论的梳理评价；产业集群的发生机制、发展机理；产业集群的竞争力；产业集群区域创新网络等
长三角	盛世豪、金祥荣、蔡宁、魏江、许庆瑞、李永刚、石忆邵、徐康宁、徐维祥、熊军、仇保兴	经济学、管理学	企业集群的发展模式；块状经济的成因与发展；中小企业集群竞争力等
珠三角	王珺、符正平、李新春、陈雪梅、邱海雄、杨建梅	经济学、管理学、社会学	产业集群理论；产业集群的形成条件和发生机制；企业家与企业集群的关系；专业化产品区的竞争优势等
中部（郑州、武汉）	李小建、聂鸣	经济地理学、管理学	新产业区理论；产业集群政策

资料来源：杨颖：《高新技术产业集群对城市竞争力影响的弹性分析——以北京中关村为例》，2011。

第二节 嵌入性研究

一 概念及框架

嵌入性思想摒弃了经济学中个体主义的研究方法，意识到社会经济活动发生于千丝万缕的现实制度与社会关系之中；由此引发了学者对事物发展客观环境的思考，找寻社会经济活动内生性的根源。Polanyi 在《大转型》(1944)[107]一书中提出了"嵌入"的概念。当欧洲文明从前工业化状态进入工业化时代，经济体系转型为现代市场经济体系。转型前，人类经济"嵌入"于社会中，从属于政治、宗教和社会关系；而转型后，社会的运行就像市场的一个附属物，"不是经济被嵌入于社会关系之中，而是社会关系被嵌入于经济体系之中"。嵌入性源于新经济社会学为社会资本引入经济研究所作的开创性贡献，即它最早被认为是"人类经济嵌入并缠结于经济和非经济的制度之中的"；区分了经济活动以"互惠""再分配"和"交换"存在并继续（其中，互惠是血亲关系为基础的社会结构特征；再分配意味着存在一个强大的中央机构收集和分配物品；交换是把经济结合到价格制定市场中的手段）。由此可见，在 19 世纪以前，人类的经济尤其是交换体系，深深地"嵌入"于社会结构与文化结构之中，现代市场经济体系的形成使人类经济从社会结构与文化结构中"脱嵌入"。Polanyi 提出"嵌入"的概念，是强调社会起到塑造经济的作用。

　　Granovetter 进一步将"嵌入"的分析重点，从经济和社会这两个相当抽象的概念，具体为经济行为者和人际关系网络。按照 Granovetter (1985)[108]的理解，"嵌入"是"当下社会关系模式下经济交易所处的情境"，"强调具体的人际关系和这种关系的结构（或'网络'）产生信任并限制不良行为的作用"。Granovetter 除了将个人作为经济行为者之外，也没有忽略企业这类经济行为者，他还强调"企业间的社会关系是重要的"。Granovetter (1992)[109]后来区分了两类嵌入关系：关系嵌入和结构嵌入，前者描述经济行为者之间二元关系 (dynadic relations) 的性质，后者是指一系列经济行为者之间关系的网络结构。

　　Zukin 和 DiMaggio (1990)[110]将"嵌入"扩展为"经济活动依存于认知、文化、社会结构和政治制度的状态"，提出四种嵌入机制。即经济行为受到认知嵌入、文化嵌入、结构嵌入和政治嵌入这四种不同嵌入机制的影响。其中，认知嵌入指"心智过程的结构化规律制约经济思维的方式"；文化嵌入指"共享的集体理解在塑造经济策略和目标方面的作用"；结构嵌入则与 Granovetter 的嵌入观相近，指"当下人际关系模式对经济交易的情境化效应"；政治嵌入指"经济行为主体和非市场机构所参与的争权夺势，塑造经济制度与决策的方式"。Zukin 和 DiMaggio"区分了嵌入型的不同向度，但对于这些向度之间是否以及具有怎样的关联并没有深入阐述"。

关于"嵌入"的主体，从 Granovetter 开始已经将其从 Polanyi 所说经济或者说交换体系扩展到企业组织。关于"嵌入"的对象，Halinen 和 Tornroos（1998）[111]、Andersson（2002）[112]已经从单纯的社会网络扩展到含义更为广泛的组织网络，考虑到市场、技术网络对企业组织行为的影响，Hess（2004）[113]甚至将组织"嵌入"的网络界定为根茎式网络：一种将"社会—时间—空间"环境交织在一起的异形网络，并提出社会嵌入、网络嵌入和区域嵌入三种嵌入机制。但是，Hess 所提的三种嵌入机制中，社会嵌入机制显然与网络嵌入和区域嵌入机制交叉，同样出现了他批评 Zukin 和 DiMaggio（1990）[110]、Halinen 和 Tornroos（1998）[111]所提嵌入机制时指出的分类不清晰问题。

近些年来，产业集群研究方面出现了一个新的重要特点：那就是由过去这方面研究主要关注企业间投入产出、运输成本的关系转向关注社会文化环境和集群相关经济制度的分析（Stroper，1997）[114]。这一新的研究特点直接产生于西方新经济社会学的兴起及其嵌入性、社会网络等核心概念的提出、发展。

经济过程总是"嵌入"于特殊的社会文化环境之中，而作为经济活动主体个人的行为决策，不可避免地受其所在社会非正式制度如习俗惯例、文化道德等表现形式的影响；企业经济行动亦受到有限理性、社会价值观、文化意识状态等的束缚，往往根据区域的社会关系网络而非正式的规则制度来进行生产与运营。甚至产业集群的嵌入性特征亦可从经济嵌入（产业集群中企业在生产与销售整个价值链中与他企业的联系）、体制嵌入（产业集群内企业与其他社会组织机构的联系）和社会嵌入（产业集群内企业间人际关系与社会联系的密切程度）这三个层次来把握（赵蓓，2004[115]）。

由此可得，"嵌入"概念的核心思想：社会关系制约经济行为，而且这种社会关系，表现为持续进行中的社会关系，所以嵌入问题可以说是以个人理性与自利动机为基础的一种交互行为。

二　嵌入性与产业集群

以往大多数学者都是从集群内部企业间的结构入手，凭借研究不同的价值链情况下的集群企业的联结方式来进行集群分类的方法，忽略了簇群的动态演变过程，也未注意到周边区域与特定簇群的联结程度。

复杂网络研究不可回避的是其深厚的现实背景，"我们身处于无法逃遁的纠结的网络环境。无论发端于何种原因，首先受到影响的因素就会如'多米诺骨牌'般接二连三地影响到下一个直至全体"。2009 年的科学杂志"复杂系统与网络"特刊以 Martin Luther King Jr. 的这句话作为开篇之语，说明当今热点的科学研究领域出自复杂网络研究。Camarifilia Matos 等（2005）在《协同网络：一个新的学科》中分析了协同网络的 8 种组织形态，产业集群（VO Breeding Environment，VBE）是其中之一，代表一种企业聚类或组织的汇聚，其成功在很大程度上可以归因为"产业区在企业之间和企业内部有效解决矛盾和合作问题的特殊能力"。包括企业网络在内的社会网络以及社会网络所具有的资产专用性，成为形成这种特殊能力的一种基础性力量。内嵌于产业集群中的关系结构是产业集群的本地化基础。"除了纯粹的经济动机，持续的经济关系经常被附上了有着对信任以及摒弃机会主义强烈期望的社会内容。"可见，"当组织的研究由原子式企业的研究开始转向对企业所嵌入的网络及社会资本的研究时，产业集群的研究也由原本注重对其内部劳动、弹性专精关系的研究转向对社会资本、网络等嵌入性因素如何影响集群各组成部分的研究"（Tsutomu Nakano，2002）。所以，本书将基于"嵌入型"产业集群与"原发型"产业集群的分类进行重点研究。

以网络理论的观点而言，产业集群厂商因为彼此间共同的连接关系，使产业集群成为一个社会网络（Sull，1999）。产业集群恰好是这样的网络关系综合体。

在关系网络中，信任起着至关重要的作用，集群的建设有助于增进这种信任。哈里森认为，由于存在"信任最大化"行为产生集群。在相互信任的背景下，群内成员的行为易理解和可预见，并降低有关信息搜寻成本。设想一下，如果没有一个较广范围内的信任，人们将很难全神贯注地利用其专业知识、发挥其专业技能，专业分工将不可能，更何谈创新，人们的生活水准将停留在以往很低的水平，社会也无从实现进步。

由于现实生活中所有经济行为都镶嵌于文化背景之中，Granovettor 提出用"Embedded"一词来描述那些使"经济人"行为偏离其效用最大化目标的社会影响因素。由一系列自发生成的规则、制度、习俗、惯例组成的文化，成为创造信任感、诱发归属感的联系纽带。其中的规则和制度，其实就是以显性或隐性知识存在的社会资本，为网络中的所有人或组织所共享，无形中降低其交易成本和组织成本。产业集群竞争优势由此形成，文化成为地区优势的根本，是否能够创造信任与合作的共通文化成为地区发展的最深层原因。

那么，企业家之间、企业家与外在环境间究竟是如何联系在一起的？在回答这一问题的时候，"嵌入"的观点得到广泛的运用。按照 Burt（1992）的定义，结构洞是指没有冗余信息的社会网络节点，如果某主体拥有由非冗余性联系所形成的结构洞，那么这就意味着空洞之间的资源流动和信息流动必须要通过该主体才能实现。这样，在网络中，该主体就处于非常关键性的位置。网络内部的企业通常只需建立一足够的知识社群来维持创新力，并不需要与网络内部的所有成员维持关系（Cowan & Jonard，2009）。所以，该关键的"嵌入"应包括：

（1）管理创新机制主体。该子议题主要探讨存在厂商间的超额关系租提供该群厂商合作意愿，但各种合作行为所产生的交易费用，如专属投资可能引发的投机主义行为或知识交换的外部性及搭便车行为，都必须被适当地管理，才能使厂商间的合作在现实中发生（Dyer，1996）。必须经由良好的管理机制确保厂商可以从专属投资中获得应有的经济利润，才能避免专属投资所引发的投机主义行为，而这种使用集群管理机制所建立的防卫机制（safe guard），其成本（运作、推动与维护此管理机制所需成本）低于垂直整合的管理成本。一群厂商间的知识交换与分享，需要由一个具有信任的管理机制推动,该机制并需确保新知识创造者可以获得应有的经济好处,集群内的厂商才有诱因和其他厂商分享新知识,分享行为才会发生(Dyer & Nobeoka,2000)。

(2)知识集成创新主体。知识与集群创新的探讨及相关研究已将重心放在知识流对集群创新之影响(Martin & Salomon,2003)。在集群效应之下,企业间由于地理上的接近、具有较多的面对面互动机会,使得彼此的信息交流更容易进行,也代表企业可获得更直接与有效的知识进而获得集群创新(Martin & Salomon,2003;Wolfe & Gertler,2004;Krafft,2004)。集群厂商的创新知识会影响产业动态并且形成丰富的知识库(Wolfe & Gertler,2004)。研究发现,园区集群内成员的分工合作紧密关系、风险分担形成了特殊的集群竞争力(Saxenian,1994),集群内的厂商比集群外的厂商更具竞争力(Bahrami & Evans,1995)。

进一步地,自20世纪90年代以后,产业集群的演化、发展在组织理论研究中特别受到关注,从资源依赖观、制度理论、种群生态学、网络理论出发的相关研究为集群的经济学解释(如集聚经济、弹性专精、区域创新系统)提供了有益的补充。

这些研究已指出集群背景下的重要的组织特征,如组织间的相互依赖性质(Baum & Mezias,1992),组织变异(Baum & Mezias,1992),制度同构(Pouder & St. John,1996;Tan,2006[116])以及组织间网络(Uzzi,1997[117];Sorenson,2003[118])在集群发展和演化中的作用。这些都大大深化了我们对于集群发展和演化机制的理解。

Giuliani(2005)强调了当地产业集群的外部联系对产业升级的重要作用,Porter(2000)也强调了集群外部联系的重要性。新经济地理理论(NEG),在模型中加入了垄断竞争和报酬递增条件,这为解释区域产业集聚和跨区域发展问题提供了经济学理论基础(Krugman & Venables,1996;Fujita & Thisse,2002)。在此期间的产业集群,实际已跨越多个行政区域(朱华晟,2005)。为了使处于价值链低端的集群升级为处于价值链高端具有创新能力的集群,需要探寻集群内外的非贸易依赖关系(王缉慈,2007)。相关案例研究也表明,地方政府和企业家的集体行动会促进产业集群质量升级，但其内在机理尚未讨论。

　　需要指出的是，尽管在组织演化的间断均衡模型（Gersick，1991）[119]基础上，现有研究关于集群发展存在着阶段性的特点已经达成了共识（谭劲松、何铮，2007）[120]，但对于如何划分集群发展的阶段（Porter，1998；Swann，1998[121]）、为什么集群在发展过程中会形成这些阶段（Pouder & St. John，1996；Tan，2006）以及决定产业集群各个阶段间转变的原因又是什么（Uzzi，1997；萨克森宁，1999[122]；Sorenson，2003），现有研究还存在着普遍的分歧。

　　特别的，在网络动力学的相关研究中，网络化被视为个体对环境做出适应性反应的自主构建过程（Kilduff et al.，2006[123]；Galaskiewicz，2007[124]；Rowley & Baum，2008[125]），透过这种网络化过程，我们可以很好地考察组织与环境之间的共同演化机制（March，1991[126]；Tan & Litschert，1994[127]；Koza & Lewin，1998[128]；Tan & Tan，2005[129]）。而产业集群作为一种天然群体与网络关系的结合体，这些研究进展无疑为分析集群的动态演化以及演化的动态性机制提供了新的视角。进一步研究表明，嵌入性理论主要可用于说明产业集群发展的两个方面，一是各种层次嵌入性对产业集群形成的影响（蓝海林，2001[130]；朱永华，2006[131]；王步芳，2007[132]），比如 Hagedoorn 和 Duysters（2002）[133]认为，社会嵌入性是创新能力的重要外部来源，有助于企业通过共享资源来掌握复杂科学技术，由此提升学习能力和创新能力；二是各种层次嵌入性对产业集群发展（如竞争力提高与创新发展）的作用（Macmillan，2000）[134]。如果"把整个公共事务管理体制看成是互动的多个公共控制机构构成的体制"，不少经济学家强调了政府在平衡竞争与合作制度建立方面的作用以及形成工业园区的严格约束（Piore & Sabel，1984[135]；Amin & Thrift，1992[136]），基于博弈方均关注的利益点，"集群剩余"探讨集群治理的内在逻辑（Johanson & Mattsson，1987）的模式，显然"嵌入型"更适于解释当代中国文化产业集群发展现状（Markusen，1996[137]；崔祥民、梅强，2010[138]）。在关于如何提升集群的创新能力方面，多数学者建议由政府来扶持集群的创新，将未来政府职能定义为创建一个区域集群创新系统（蒋东仁，

2006[139]）；并提出地方政府作为集群创新的倡导者（周海涛等，2007[140]）在集群发展不同阶段创新中的行为选择。

第三节 文化产业及文化产业集群相关研究

一 文化产业

表 2 - 3 国内外文化产业研究主要成果表

学 者	主要理论贡献
阿多诺、霍克海默	首次提出"文化产业"概念，认为文化产业是一种标准化、复制化、大批量的工业化生产。并从艺术和哲学价值评判的双重角度对文化产业进行了否定性的批判[141]
本雅明	研究了工业化时期，复制技术对传统私人文化破坏的情况下，艺术的社会和认识功能的变化。对文化产业持乐观态度，承认大众文化产品的积极价值和历史意义[142]
贾斯廷·奥康纳	认为文化产业是以经营符号性商品为主的活动，这些商品的基本经济价值源于它们的文化价值[143]
大卫·索斯比	认为文化产业就是在生产中包含创造性，凝结一定程度的知识产权，并传递象征性意义的文化产品和服务[144]
约翰·费斯克	对文化产业进行了经济学研究，阐述了文化的生产、消费及其价值实现和文化产业的基本特征[145]
布迪厄	提出了文化资本理论。认为资本有三种基本形态：经济资本、文化资本和社会资本。文化资本有具体形式、客观形式和体制形式三种存在样式[146]
戴维·思罗斯比	将文化资本视为与物质资本、人力资本和自然资本并列的第四种资本。认为文化资本是以财富形式表现出来的文化价值的积累，是文化产业承继和发展的源头[147]
麦耶斯考夫	阐述了艺术与文化产业在经济和就业方面的影响[148]
查尔斯·兰蒂	将经济学"价值链分析法"引入文化产业研究，从而提出了构成文化产业基本价值链的五个环节：创意的形成、文化产品的生产、文化产品的流通、文化产品的发送机构和最终消费者的接受等[149]

续表

学　者	主要理论贡献
理查德·凯夫斯	文化创意产业中的经济活动会全面影响当代文化商品的供求关系和产品价格[150]
约翰·霍金斯	认为创意产业是产品在知识产权法保护范围内的经济部门[151]
Stuart Cunningham	认为创意产业作为一种政策框架。它的产生发展、在英国以外的一些国家的应用，以及为什么能在短时间内成为当前重要的政策取向，根本在于它有能力让人们认识到创意产业对一个国家和区域经济和社会发展的重要性[152]
西蒙·鲁德豪斯	分析了文化产业与创意产业的关系，认为文化创意产业与文化产业的联系不是由产业链来决定的，而是由价值链定律来完成的[153]
F·佩鲁	认为如果脱离了它的文化基础，任何一种经济概念都不可能得到彻底深入的思考[154]
Throsby	最早提出创意经济学概念并将创意行为模型化[155]
Kretsehmer、Michacl	用四个属性来归纳文化产业：①有大量过度供给的潜在产品；②产品的质量高度不确定性；③对该产业中产品的消费存在特别的网络效应；④对该产业的产品需求呈现周而复始的周期性[156]
斯图亚特·坎宁安	通过考察文化产业概念的历史演变，分析了文化产业与创意产业这两个概念之间的关联性[157]
Baumol、Bowen	提出了一个似乎与技术促进文化艺术发展的规律相悖的经济命题："成本弊病"[158]
派恩·吉尔摩	在对过程技术发展及其导致的产品大规模定制的可能性的研究中，多处讨论文化产业发展的例子[159]
Bates	比较了美国和欧洲对互联网音乐共享及产权保护方面的差异[160]
Dimmick	研究了互联网传媒与传统传媒的竞争问题[161]
Shaver	研究了数字技术对图书出版业的影响[162]
Me Cab	研究了技术进步条件下杂志的定价与兼并问题等[163]
Hirsch	最早注意到文化产业的组织问题，把文化产业看作一个由各类组织相链接而成的系统，这一系统中最重要的是文化生产部门、大众传播部门、分销部门[164]
Peterson	以美国流行音乐产业为例，研究了文化创意产品的生命周期。认为，流行音乐产业往往在经历一个较长的集中化过程后出现短暂的竞争局面，当集中化程度比较高时，音乐产品趋同。当竞争激烈时，音乐产品则趋于多元化。出现这种情况的原因是创意要素、特许经营权及分销的纵向一体化[165]

续表

学　者	主要理论贡献
Carrofl	从产业生态视角对地方报纸产业制度环境进行了研究[166]
胡惠林	从文化经济一体化发展角度，探讨了文化产业的生成与发展[167]
卢渝	提出在经济欠发达地区发展文化产业的思路和模式[168]
孟晓驷	从需求角度提出文化产业发展的机理[169]
祁述裕	对中国文化产业竞争力问题进行了整体研究，构建了文化产业竞争力理论模型，分析了文化产业基本构成要素、制约因素，并通过与主要国家的比较，分析了中国文化产业竞争力的现状，提出了提升文化产业竞争力的具体战术[170]
王缉慈	从发达国家文化创意产业的概念出发，研究了中国文化创意产业发展的背景和条件，讨论了文化创意产业集群在城市中形成和发展的问题[171]
厉无畏	文化创意产业鼓励个人创造力释放。这种释放创造了新的产品和市场，为经济发展打开了新的通道和空间[172]
魏鹏举	把文化与创新视为增进社会总体福利和个体发展机会、能力的权利（right）与社会进步与发展的动力（power）[173]

资料来源：陈清华：《中国文化产业投资机制创新研究》，2009。

二　文化产业集聚

　　Wynne 在研究英国城市文化产业发展状况时给出了文化产业集群的概念，并强调文化产业集群对英国未来城市经济发展的引擎带动作用。文化产业集群具有较为强烈的地理空间聚集特征（Henderson，J. V.，1996[174]；Scott，1996、2003[175]；Baptista & Swann，1998[176]；Baptista，2000[177]），国外一些学者主要从区位因素角度对文化产业集聚区的形成进行了探讨（Hutton，2000[178]；Howkins，2001[179]；Graham Drake，2003[180]；Hartley，2005[181]；Doris et al.，2006[182]；Michael，2010[183]），他们认为，文化产业集聚区趋向于在具有良好环境、公共服务完善、交通设施便利、低进入障碍和具有休闲中心作用的城市和地区出现。Lilach Nachum 和 David Keeble（2000）[184]用案例分析和问卷访谈分析了伦敦的文化产业集群的发展演进。Pimden Hertog、Erik Brouwer 和 Sven Maltha（2000）[185]，对荷兰的多媒体集群基本特征、集群动力机制和创新体系以及绩效进行了分析。Harald Bathelt (2003)[186]分析了莱比锡文化产业的经济关系认为，对文化产业集群的分析既要集中在对内部关系的考察，还要分析文化产业集群与外界的关系。

国内学者从文化经济一体化发展角度，探讨了文化产业的生成与发展（胡惠林，2003[187]），文化产业集群产生环境（王缉慈、陈倩倩，2005[188]）及其集聚优势（钱紫华、阎小培、王爱民，2006[189]），形成演化的影响因素（李学鑫、陈世强、薛诺稳，2010[190]），提出政府应在园区规划中积极借鉴成功经验，研究和创新文化产业发展的集群政策（李艳燕，2011[191]）。此外，还就区域广告产业（李蕾蕾、张晓东、胡灵玲，2005[192]），音乐创意产业（胡腊妹，2011[193]），动漫产业（戈雪梅、周安宁，2011[194]）进行影响因子、价值维度与战略关系的探讨。

一般认为，工业园区和产业集群存在着一个共同的基础，即产业的地理集中效应，基于产业集群的产业园区具有更多优势和更强的竞争力，对于区域经济的贡献也更大。据蒋祈所著的《陶记》记载，200多年前景德镇就有300多座窑。在当代，人为地规划而使企业共栖的载体就是工业园区、科技园区和创意园区等。文化园区（cultural quarters）的概念由德瑞克·韦恩提出；文化特区（cultural districts）概念由 Hilary Anne Frost Kumpf 提出。在对影响文化产业集聚发展的制约因素研究（刘保昌，2008[195]；姜长宝，2009[196]；翁旭青，2010[197]）基础上，运用区位论原理得出现阶段影响城市文化产业园区建设的主要因素（王伟年、张平宇，2006[198]；陈建军、葛宝琴，2008[199]）。在此，文化产业园区的发展建立在文化企业空间集聚基础上，产业园区应以产业的集群式发展作为最终方向，成为开辟产业形成与发展的新途径（何振翔，2006[200]；程玉鸿等，2003[201]；蔡宁、杨闩柱，2003[202]；程工等，2006[203]）；也有学者对文化产业园区发展提出质疑和批评，认为文化创意产业要素的空间集聚并非真正意义上的产业集群（丁厚春，2006[204]；刘友金、黄鲁成，2001[205]；任晓红、2006[206]；苏卉，2010）。

三 文化产业、文化产业集聚研究方法

文化产业集聚研究模型的分类方法很多，从最直接的表现形式上分，可以分为三种：

（1）侧重于描述和解释文化产业空间分布和演变规律的空间模型。在对以"文化产业增加值"为因变量的假设下分析中国文化产业时，按照时间序列数据（李昭赢，2006[207]）或选取空间地理纬度，通过城市面板数据（朱慧、王鑫，2010[208]；王家庭、张容，2010[209]）回归模型分析其影响因素及作用机理。进一步的，以新经济地理学分析框架为基础，采用空间面板计量模型对我国文化产业集聚的溢出效应及影响因素进行了实证分析（黄永兴、徐鹏，2011[210]）。

（2）侧重于用数学形式定量地描述和解释城市要素之间的关系数学模型。我们在社会经济分析当中常用的四大模型包括：投入产出模型（Bagella etal.，2000；吴学花，2004[211]；罗勇，2005；邓宏兵，2007；王婧，2008[212]；崔鑫生，2009；任英华，2010[213]；袁海，2010[214]；陈立泰，2010），计量经济学模型，经济控制论模型和系统动力学模型，这些模型都能够用来描述、解释和预测社会经济的某些现象（见表2－4）。

表2－4 四大社会经济模型

模型类别	模型形式	主要特点	局限性	应用范围
投入产出	以投入产出表为核心的代数方程组（静态）或差分方程组（动态）	能清晰地反映出各部门间的生产联系，模型简明	较难处理动态问题；没有考虑最终需求确定以及生产与收入之间的反馈联系	生产系统的平衡问题
计量经济学	线性或非线性联立差分方程组	将经济理论、统计学、数学和计算机仿真技术有机地结合	高质量的经济统计数据难以获得；经济结构变化大时，模型难以及时作出反映	经济结构分析；经济政策评价；经济预测，但预测期限不长

续表

模型类别	模型形式	主要特点	局限性	应用范围
经济控制论	以离散形式的状态空间模型为主	能充分反映国民经济的调节控制机制,可充分利用控制理论的现代成果	目前实用的模型还处于开发阶段	能进行各种期限的预测;能进行战略研究和制定最优经济政策;能作为制订五年计划的辅助工具
系统动力学	可带有时滞的一阶微分方程组	能方便地处理非线性现象,能作长期的、动态的、战略性的仿真分析与研究	预测精度不高,较适用于分析研究系统结构与动态行为	在制订国民经济的中远期发展规划时作战略研究和政策分析

（3）前两者的综合模型,随着 GIS 技术的发展,将空间属性和城市的其他要素整合在一起。所以,协同创新、系统发展的整体性研究成为文化产业集聚研究趋势。

从国外理论研究的发展脉络上看,产业创新系统理论主要源于国家创新系统理论、演化论和技术系统理论。继 1987 年 Freeman 提出国家创新系统概念后,技术系统理论（Carlsson,1991）[215] 和演化经济学理论（Nelson,1995）[216] 为产业创新系统理论的进一步发展提供了坚实支撑。因此,产业创新系统作为一个完整的概念得以完整呈现,以知识外溢、社会网络、制度契约三个视角对产业创新系统的构成进行了深入分析（Stefano Breschi & Franco Malerba,1997）[217]。

国内学者则主要从产业创新系统理论（严潮斌,1999[218];张耀辉,2002[219];陆国庆,2011[220]）,产业创新系统模型研究（柳卸林,2000[221];徐作圣,2000[222];陈劲,2000[223];游达明,2009[224]）和产业创新系统运行管理（张治河,2003[225];王明明,2009[226];曾昭宁,2010[227]）三个层面对该领域进行了探究。

四　文献评述

研究发现,以往采用案例法、或采用网络分析法、图论或拓扑学的研究方法，已逐渐向建立严密的数量模型方向发展并结合了电脑模拟试验（Gordona & McCann，2000）。国内外学者把研究重点多集中在企业创新系统的构成方面，而并没有深入分析企业创新系统内部要素的动态流动。由于较少考虑情境因素，静态研究仍占据着产业集群研究的主流地位，几十年来不遗余力地追寻着"产业集群是什么及为什么能够形成的逻辑因果关系"，然而对于"产业集群如何形成的、产业集群成长过程中是否存在客观规律"等动态问题鲜有涉及，对区域产业集聚演化方向缺少定量描述与分析模型，从而导致其对中国推动文化产业集聚实践的理论指导借鉴性大打折扣。由于以往在"生态景观 - '嵌入型' - 集群形成 - 文化产业集群 - 经济增长"片段上开展研究的学者们，将注意力完全倾注于集群本身，对产业集聚演化的研究方法都是运用案例来证明产业集聚的发展演化状况，尚未基于动态视角对产业集聚的形态演化从理论架构或者建立模型上进行系统分析。具体有：（1）区域产业集聚演化机理的没有很好地考虑其系统的复杂性特征；（2）对区域产业集聚演化方向缺少定量描述与分析模型；（3）对产业集聚演化的区域环境研究还较欠缺，即缺乏对基于中国政府驱动型市场结构下文化产业集群实践模式的分析。由于较少考虑情境因素，这些研究只能片面地解释集群问题，从而导致其对中国推动文化产业集聚实践的理论指导借鉴性大打折扣。

本书将提出更符合中国文化产业发展经验显示的理论，并试图通过研究视角和思路的创新、研究方法应用上的创新，以及研究内容和结论上的创新解决以上遗憾。我们认为，只有当研究者比较完整地"看到"了生态景观 - "嵌入型" - 产业集聚 - 工业园区 - 文化产业集群（即 LEAPC）的"一致性"全貌时，才能够接近我们通常所谓的"规律"。随着还原论指导下集群的片段式研究向系统论指导下集群的整体式研究的转变，研究者的认识论和研究方法也应有相应的转变。而这一"系统"的视角，意味着在我们的研究中，必须引入"情境""行动"以及"时间"维度，从而反映一种全新的认识论。上述文献为集成创新领域的研究奠定了重要基础，但关于产业集成创新发展仍有很多重要问题尚未有答案。如影响产业集成创新的关键要素和环节有哪些？要素之间是以何种关系实现动态关联、彼此促进、共同推进集成创新发展的？借助由美国麻省理工斯隆管理学院福瑞斯特（Jay W. Forrester）教授于 1956 年创立的系统动力学（system dynamics），从系统内部的微观结构入手，以系统内部结构、参数及总体功能为基础，注重系统的动态变化与因果影响，分析并把握系统特性与行为；进而从系统动力学视角提出产业集聚效应的分析框架，通过建立各个因素流的因果关系图分析制约产业集聚效应发挥的主要因素；以及这些因素之间如何层层联系，政府的研发资助、行业导向、市场竞争是文化企业集聚"蝴蝶效应"的源头因素吗？只有找到这几个因果反馈回路的关键变量、解决其制约因素，才能促进以文化产业园区为载体的产业集群的提升。因此，本书使用系统动力学模型来验证上面的假设。

第三章　文化产业发展综述

第一节　文化概述

一　文化

中国古代对"文化"的释义为"观乎人文以化成天下"，指的是宗法王朝所实施的文治教化和社会伦理规范。文化具有社会治理的功能与特征。人们创造和生产文化本来就是为了对人的治理的。"上古结绳而治，后世圣人易之以书契。"[①] 这是中国古代最早的关于文化与社会治理关系的描述。"书契"（文字符号表达系统）是从"结绳"（物质符号的表达系统）演变发展而来的。它的初始目的是为了实现有效的劳动和人与自然关系，进而建立人与人之间的社会行为关系的协调，解决和克服不协调，这就是"治"，就是"治理"。也就是说，人类创造和生产文化是为了有效地克服和解决人与人、人与社会和人与自然之间出现的问题，具有疏导、宣泄、沟通的意义。当文化的这一本质性功能发展到现代社会、体现在文化产业这一具体的社会系统时，文化产业作为国家文化治理工具和手段这一功能被发现，也就成为一个社会的自然法则过程：古人结绳而治，后人易之以书契，再后人易之以文化产业。

《Webster 词典》把文化定义为文明的状态、习惯或高发展水平。《现代汉语词典》把文化界定为，人类在社会的历史的发展过程中所创造出来

[①] 《周易·系辞下》，原系魏王弼、晋韩康伯宋刻本，现由邵雨编著，浙江大学出版社，2010 年 6 月第 1 版。

的精神方面财富和物质方面财富的总和①。

《中国大百科全书·哲学篇》则认为，所谓文化就是人类在社会实践过程中所获得的多种能力和创造的结果；广义上的文化包括生产能力也包括精神产品，还包括社会意识形态；文化中积极的成果作为人类进步和开化状态的标志，便成为文明。

澳大利亚麦考里大学经济学教授戴维·思罗斯比认为，文化资本是以财富的形式具体表现出来的文化价值的累积。这种积累紧接着可能引起物品和服务的不断流动。于是，有形的文化资本的积累以文化遗产形式存在于建筑、遗址、艺术品和诸如油画、雕塑及其他以私人品形式而存在的人工品之中；无形文化资本包含一系列当地人们特殊的思想信念、传统习俗及价值观等。该定义印证了我国古代对广义"文化"的阐释，即"人类在漫长的社会历史实践中创造出来的无数物质方面财富和无数精神方面财富的总和"。进一步的，倘若从最广泛的人类学意义上讲，文化是一个"独特人群或社会团体的生活全貌（Williams，1981[228]）。而与之形成对比的狭义文化则仅指精神文化，"文化是包含知识、艺术、信仰、道德、法律和风俗，以及作为社会成员的人所掌握和接受的任何其他才能和习惯的复合体"（泰勒，1871[229]）。

经济学家们往往趋向于把文化看成可以进入经济函数而加以分析的变量。在经济（体制）模式分析中认为，人们的价值观已经为他的偏好所反映。从这个角度上说，所谓价值观也可以看成"一种社会福利函数，该函数属于该经济社会的多数人所共有"（青木昌彦、奥野正宽，1999[230]）。

本书认为，"文化"应当是人类在长期历史发展过程中所形成的，由于古老民族习俗或特殊地域风格的书写符号、传统道德、精神信仰、生活方式等精神与物质要素综合作用的产物。体现出以下特点：

首先，文化是人的创造物，而不是自然物；是一种社会现象，而不是自然现象。

其次，文化是人类社会活动所创造的，具有社会普遍性。

---

① 《辞海》，由辞海编辑委员会编纂，上海辞书出版社，2000年1月第1版。

再次，文化是人类智慧和劳动的创造，它体现在人们社会实践活动的方式中，体现在人们所创造的物质产品和精神产品中。

二 文化的影响力

本书认为，"文化"无论对实体经济运行效益抑或对社会文明演进均有不可忽视的影响。前者将其按照经典的"柯布－道格拉斯生产函数"所描述的要素需求逐一分析；后者则聚焦于制度进步及技术创新方面重点论述。所以，文化的生产性影响及社会性影响分别包括以下几点：

（1）文化的生产性影响

刘易斯（1955）曾经指出，"目前各个社会互相之间差别极大，这表现在其成员利用经济机会的程度上……这些差别可以追溯到三个明显的原因，即对物质产品和为取得这些产品所需付出的努力的关系的评价有不同的看法；对现有的机会有不同的看法；对制度在鼓励努力的程度上有不同的看法……那些渴望促进经济增长的社会改革者主要关心的是使制度进行适当的改变……不过在做出努力的意愿方面确实存在心理上的差别"。由此可见，劳动意愿（包括劳动时间和努力程度两个方面）取决于一个社会对工作和休闲的态度和对劳动及其收入的评价。如果没有使社会变得更勤劳的文化（工作态度）的改变，仅改革制度以增强工作激励有时是不足以促进经济增长的。对此，刘易斯告诫说，"我们必须记住经济上的努力包括发掘和利用各种机会的一切手段，不仅要工作，而且还要有能动性和进取精神"。

资本积累可以分解为储蓄率（产出中不用于即时消费而用于储蓄的比例）、投资率（储蓄转化为投资的比例）和折旧率。广为论述的是不同文化的储蓄率（通常包含投资率）差异。一个最著名的例子，是马克斯·韦伯（1904）用新教伦理来解释西欧资本主义经济兴起的原因。在韦伯看来，西欧中世纪的基督教经过15世纪的宗教改革后所形成的新教，一方面崇尚"禁欲主义"，反对过度消费；另一方面，又使追求财富的行为合法化，把它看成是在上帝意愿下所从事的一种事业。他写道，"这个世俗新教禁欲主义强烈地反对财产的自发享受；它限制消费，尤其是奢侈品的消费。另一方面，它具有使自由获取行动摆脱传统主义伦理桎梏的心理效果。它打破了对所谓获取冲动的束缚，不仅使其合法化，而且将其视为上帝的直接意愿"。这样，两方面结合，自然引导人们以赚钱储蓄为人生的终极目的。因此，韦伯说，"一旦限制消费与谋利行为的解放结合起来，不可避免的实际结果显然是：强迫节省的禁欲导致了资本的积累。在财富消费方面的限制，自然能够通过生产性资本投资使财富增加"。韦伯的论断引起了广泛、持久和巨大的影响，邹恒甫（1993）甚至还将韦伯的思想发展为一个正式模型，讲述文化中潜藏的积累欲和节俭观如何通过提高储蓄率而促进经济增长。

（2）文化的社会性影响

熊彼特（1912）在其著名的创新理论中大谈企业家心理的作用。他认为，典型的企业家具有非享乐主义性质的心理。首先是追求社会地位的梦想和意志，要去找到一个由他支配的私人王国；其次是存在征服的意志与证明自己优越的冲动；最后，存在创造的快乐或者只是施展个人能力和才华的快乐。上述心理推而广之就是区域的文化，如果一个地区具有一种开放、灵活、平等竞争的文化，则该地区就容易获得技术创新的成功。此外，在刘易斯（1955）看来，知识增长、技术进步的速率有一部分取决于人们对新观念的接受能力，也即文化对待创新的态度。人们习惯于听取各种各样的意见，或者能够实事求是地看待事物的地区，接受新观念是非常迅速的。

根据制度经济学的观点，一方面，意识形态的刚性会阻滞统治者的强制性制度变迁（林毅夫，1994）；另一方面，"忠诚"行为会使选民延缓"退出"，而将"呼吁"机制发挥到淋漓尽致，从而有利于迫使统治者做出变革（赫希曼，1970）。以上都是文化因素影响制度变迁的例子，我们接下来将要进一步探讨其中的机制。根据新古典理性人的假设，个人行动完全基于其私人成本和私人收益的计算，因此，当个人能够通过"搭便车"行为，不必付出成本而坐享制度变迁的收益时，理性人就不会愿意承担参与集体行动的成本。日常观察表明，"搭便车"行为确实无所不在；然而，日常观察同样表明，集体行动也确实存在并且是导致制度变迁的基本力量，而这些行为难以用新古典理论的私人利益计算来解释（诺思，1981）。为什么利己行为与利他行为同在？为什么"搭便车"与集体行动并存？这只能运用新古典理论所忽略的文化因素来解释。新古典理论忽略个人和社会的偏好，或者假设偏好是既定的，因此，经济利益成为个体效用函数中的唯一变量。而现实中偏好并非无足轻重，也并非既定的，偏好会因不同社会的文化禀赋而异。个人在做出选择时，会依据其文化决定的偏好，而在经济利益和其他效用之间进行权衡。当他因"搭便车"而感受到的道德等方面的机会成本大于他从这种行为中获得的净利益时，他就会有意无意地克制这种机会主义行为。同样，如果个人从参加集体行动中获得的意识形态等方面的满足超过他因此而付出的额外努力时，他就有可能义无反顾地投入这种行动。文化和制度是不可相互分割的，社会不会认同与人们的道德相悖的规则，即使正式制定了这种规则，它也难以得到有效运作。界定和实施产权需要交易成本以克服个人的机会主义行为，因为，在社会博弈中，对个人而言的最佳战略是自己破坏规则而他人遵守规则，换句话说，每一个体都有不遵守规则而"免费搭车"的激励。但是，监督和惩罚"搭便车"行为需要付出高昂的交易成本，当这种成本过高以致社会无法承受时，有效的制度安排将难以得到实施，而无效的制度安排可能得以维持。不过意识形态、宗教戒律、伦理道德（如"忠诚""义理"）之类的文化因素便提供了一种自律机制，有助于减少服从规则的成本，从而能够促进有效制度安排的实施。不同地域的社会具有不同的意识形态，这决定了他们对待机会主义行为的不同态度，从而导致某些地区改革能够顺利推进，而另一些地区制度变迁的进程十分缓慢。

第二节　文化产业概述

一　文化产业

"文化产业"一词最早可以追溯到 1947 年在一本名为《启蒙辩证

法》的书中由阿多诺（Adorno）和霍克海默（Horkhimer）共同提到的 Culture Industry，直译为文化工业，试图以此表现他们担忧的文化和工业之间的矛盾性联系。同为法兰克福学派的瓦尔特·本雅明却对文化工业予以肯定，认为经典文化艺术被规模化生产、复制的同时实现了艺术的普及。所以，米亚基以及后来学者以 Culture Industries 表示文化产业，以此强调文化产业的复杂程度与多样性。英国伯明翰学派的雷蒙德·威廉姆斯、斯图亚特·霍尔、费斯克等发现，文化产业既有意识形态属性，又具有经济属性，将对文化产业的研究从单纯的文化语境带入经济语境中。所以，作为介乎于文化与经济之间的某种特殊形态，不同国家对于文化产业有不同的诠释。

通过芮佳莉娜·罗玛以"螺母外壳"的方式展现的文化产业金字塔模型，不但可以站在整个社会系统角度考察构成文化产业链各组成部分的循环作用机制，即文化产业及其支撑要素，而且推断文化产业具有产业融合特征，原因是产业融合一般发生在产业之间的边界和交叉处，如图3-1所示，文化产业可与经济、技术、艺术三者中的任意二者组合构成三角。产业融合使彼此间具有某种程度的产业关联性（Fai Tunzelmann，2001[231]）或产品与技术的可替代性（Gaines，1998）。

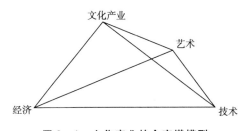

图 3-1　文化产业的金字塔模型

Throsby（2001）从文化产品和服务与其他商品区别的 3 个特征：生产中包含创意、商品以一定程度的知识产权形式体现、传递符号意义来定义文化商品，并用同心圆模型界定文化产业。

Pratt（2005）[232]从文化产业的深度认识到，文化产业是以文化为对象的生产活动，包括一系列与文化产出相关的所有活动，即内容原创、生产投入、复制交易等环节，可理解为文化生产链、生产回路或生产网络。这意味着，该定义更关注文化生产过程、环境以及文化生产价值链的实现。

　　Hesmondhalgh（2007）[233]将文化产业定义为最直接参与社会意义的生产机构，主要是营利性公司，但也包括国家组织与非营利性组织；认为文化产业是制作文本的产业，文化制品充满了丰富的表征意涵，其艺术的、娱乐的、审美的价值远超过其功能价值，并将广告、广播、电影、音乐、印刷与电子出版等产业作为核心文化产业，因为它们均从事文本的产业化生产和传播。

　　综上所述，参考联合国教科文组织对"文化产业"所做出的解释：文化产业是按照工业的标准，生产、再生产、储存以及分配文化产品及服务的多种连续活动[234]。中国政府 2004 年颁布的《文化及相关产业分类标准》这样界定：所谓文化产业就是指"为社会公众提供文化、娱乐方面产品和相关服务的活动，还包括和这些活动有关联的活动的总体集合"。本书认为，文化产业是指为提升人类生活尤其是精神生活品质而提供的一切可以进行商品交易的生产与服务。从广义上看，传媒、卡通、影视、娱乐、游戏、旅游、教育、网络及信息服务、音乐、戏剧、艺术博物馆等均属此列。

二 文化产业的分类

　　2009 年 5 月，联合国教科文组织文化统计特别工作组制订出文化生产循环图（Culture Production Cycle）（见图 3 – 2）。

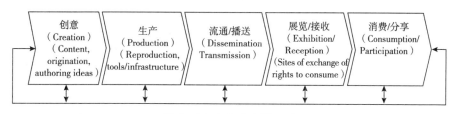

图 3 – 2 文化生产循环图

　　同年 9 月，《2009 年联合国教科文组织文化统计工作框架》被联合国大会通过，产生了下面的环状"文化循环图"（见图3-3）。

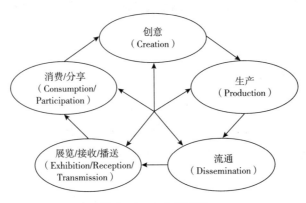

图3-3　文化循环图

我国国家统计局吸收联合国教育科学文化组织的《文化统计框架2009》分类方法，并在定义和覆盖范围上与其保持衔接。文化产业的分类基础为《国民经济行业分类》（GB/T 4754—2011），根据文化及相关单位生产活动的特点，重新组合行业分类中相关的类别，产生其派生分类（见表3-1）。

为此，我国文化及相关产业的范围包括：

①以文化为核心内容，为直接满足人们的精神需要而进行的创作、制造、传播、展示等文化产品（包括货物和服务）的生产活动；

②为实现文化产品生产所必需的辅助生产活动；

③作为文化产品实物载体或制作（使用、传播、展示）工具的文化用品的生产活动（包括制造和销售）；

④为实现文化产品生产所需专用设备的生产活动（包括制造和销售）。

本书按照2004年国家统计局《文化及相关产业分类》（如图3-2所示）的标准，文化产业包括核心层、外围层和相关层，并进一步将文化服务分为9个部分，即位于核心层的新闻出版、广播影视及文化艺术服务，位于外围层的网络文化、文化休闲服务及其他，以及位于相关层的文化用品生产及销售等三大领域（见图3-4）。

表 3 – 1 文化产业及相关产业分类

核心层	外围层	相关层
一、新闻服务	五、网络文化服务	八、文化用品、设备及相关文化产品的生产
二、出版发行和版权服务	1. 互联网信息服务	
1. 书、报、刊出版发行	– 互联网新闻服务	1. 文化用品生产
（1）书、报、刊出版	– 互联网出版服务	机制纸及纸板制造 *
（2）书、报、刊制作	– 互联网电子公告服务	手工纸制造 *
包装装潢及其他印刷 *	– 其他互联网信息服务	信息化学品制造 *
（3）书、报、刊发行	六、文化休闲娱乐服务	2. 文化设备生产
2. 音像及电子出版物出版发行	1. 旅游文化服务	其他文化、办公用机械制造 *
（1）音像制品出版和制作	野生动植物保护 *	3. 相关文化产品生产
（2）电子出版物出版和制作	– 动物观赏服务	其他专业技术服务 *
（3）音像及电子出版物复制	– 植物观赏服务	九、文化用品、设备及相关文化产品的销售
记录媒介的复制 *	2. 娱乐文化服务	
– 音像制品复制	七、其他文化服务	1. 文化用品销售
– 电子出版物复制	1. 文化艺术商务代理服务	2. 文化设备销售
（4）音像及电子出版物发行	2. 文化产品出租与拍卖服务	通信及广播电视设备批发 *
3. 版权服务	3. 广告和会展文化服务	家用电器批发 *
知识产权服务 *		家用电器零售
– 版权服务		3. 相关文化产品销售
三、广播、电视、电影服务		
1. 广播、电视服务		
– 广播电台		
– 其他广播服务		
2. 广播、电视传输		
– 有限广播、电视传输网络服务		
– 有限广播、电视接收		
– 无限广播、电视发射台、转播台		
– 无限广播、电视接收		
卫星传输服务 *		
3. 电影服务		
– 电影制片厂服务		
– 电影制作		
– 电影院线发行		
– 其他电影发行		
– 电影院、影剧院		
– 其他电影放映		
四、文化艺术服务		
1. 文艺创作、表演及演出场所		
2. 文化保护和文化设施服务		
3. 群众文化服务		
4. 文化研究与文化社团服务		
5. 其他文化艺术服务		

注：1. "＊"表示该行业类别仅有部分活动属于文化及相关产业；2. 类别前"－"表示行业小类的延伸层。

资料来源：国家统计局制定的《文化及相关产业分类》。

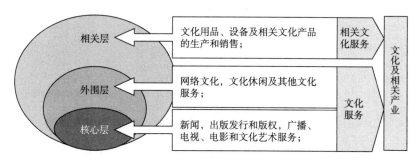

图3-4　文化及相关产业层次划分及行业分类关系图

三　文化产业的特征

1. 以创意为投入要素的知识密集型产业特性

文化产业是以知识为基础的知识密集型产业，文化与创意是其核心要素。随着文化生产与现代信息技术、数字技术和自动化技术的日益结合，文化产业的高知识性、智能化特征更加突出，如电影、电视等产品的创作是通过与光电技术、计算机仿真技术、传媒等相结合而完成的。同时，知识包括显性知识和缄默知识，缄默知识对企业创新的影响更大。而企业知识溢出，尤其是缄默知识溢出是否存在地理边界？是否是企业空间距离的函数？Keller通过对工业化国家研发支出对本国产出的影响，探讨技术的空间距离扩散特征后，提出技术知识地区化而并非全球化论断。其原因在于缄默知识主要蕴藏在专家、技术人员的大脑中，缄默知识的交流是弱纽带的，空间距离的接近无疑会加大缄默知识交流的频度，促进缄默知识的转移和流动。所以，文化企业空间距离的接近，显然可以实现缄默知识的传播与获取。

2. 较强的产业杠杆关联特性

文化产业是一个关联度极强的产业，具有较明显的产业前、后向关联。文化产品对建构文化影响力、感召力、吸引力的发现，也不是始于今日。"四面楚歌"既是对文化应用于解决战争问题的生动描绘，同时也是对"楚歌"这种文化产品形式巨大影响力的生动揭示。"子在齐闻《韶》，三月不知肉味"①，可以说是对文化产品这种对人的影响力极为深刻的生理体验式的描绘。产业链理论是一种介于宏观、微观之间的理论（Marshall，1890[235]），该理论既研究企业间关系，也研究行业间关系。企业或行业因供需等技术经济因素形成链条，在市场交易过程中必定涉及价值生产、分配，形成价值链。根据20世纪80年代国际商业研究者提出和发展起来的全球价值链理论以及生产网络学说（陈树文，2006），我们既注意到价值链学说比较强调生产序列和垂直的分离、整合，同时也意识到生产网络学说比前者更强调企业之间的关系网络，以及由此所形成的具备规模的经济群落（胡军，2006）。

如果在对这种链条进行研究时涉及了地区分布，那么就形成空间链。文化产业链是产业链在文化产业中的表现。文化产业是关联度很强的产业，具有较强的前向和后向产业关联。

3. 不可预测的需求特性

古典经济学斯密认为，价值是劳动的凝结物，取决于供给方面；甚至萨伊提出"供给创造需求"的概念。重视生产的结果导致"李嘉图恶习"的产生，即要素的同质化、完全竞争下利润的平均化等。建立在边际效用与古典经济学综合的体系上的现代经济学，价值成为效用与稀缺性共同决定的产物，其重要特征就是重视需求。当代主导的张扬追求个性价值、树立个人与社会相容性的文化需求成为主要价值取向，这与以往追求规模经济的标准生产成为一对矛盾。显然，新的来自需求方面的不确定性与农业、工业社会来自生产的不确定性不同。从消费角度来看，人类已经经历了物品（未加工的物质）消费、商品消费、服务消费以及"体验消费"（专指知识经济时代的消费形式）这四个阶段。两位美国学者詹姆斯·吉尔和约瑟夫·派恩都曾说过，体验消费可以说是创造难忘经历的活动，它非常注重感性经验。从投资来说，它同时也是一种经济价值量，并且可以通过市场交易来获得。而"娱乐经济"和"休闲经济"可以说是"体验经济"的最直接实现形式。

---

① 《论语·述而》，选自《论语》第七章。作者张帆，北京燕山出版社，2009年1月第3版。

4. 高固定成本、低边际成本的生产特性

由于文化产品的公共属性，收益较低甚至无收益，基本只能通过政府行为实现大规模初始投资。鉴于文化产品"公共品"特征，很难经由私人投资完成。同时，一旦固定投资成本形成，在追加产品生产时，边际成本迅速地下降，甚至下降为零。这是因为与传统产业的特点不同，文化产业具有边际收益递增的内生机制，表现出"知识密集"的基本特征。另外，知识自身具有多个特点，对其使用和复制得越多，最终获得收益将呈递增状态。因此，文化产业具有的边际收益递增机制，使得文化产业成为高成长、高收益的新型产业。

5. 可移动、不可移动的空间特性

文化产业的生产系统涉及原创或创造活动、生产（含制造和复制）、流通和传播，以及文化消费和文化参与。若引入空间维度，其产品和服务分为"不可移动"和"可移动"两类（见图3-5）。

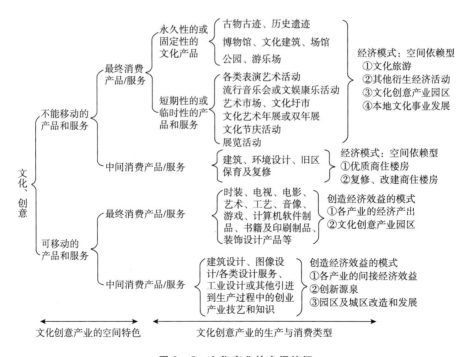

图3-5 文化产业的空间特征

资料来源：根据经济合作与发展组织报告等的相关资料整理。

文物古迹、历史遗迹以及依山而建的部分建筑园区等文化产品，一般不可移动也无法移动。但由于生产、通信技术和数字复制技术的进步，当代大部分文化产品和服务的创作、生产、传播和消费活动都是可移动的。尽管每个工序和活动都占用空间（工作室、厂房、画廊、影院等），但这类文化产品和服务的创作、生产及传播过程有极高流动性，对特定空间的依赖程度亦较低。以电影产业为例，电影工作室虽然可设于城区的中心，但实景拍摄、后期制作等各项工序可分散在境内、境外多个地点完成；从消费方式来说，观众可以跑进电影院、通过网络在线收看或通过不同媒体终端器如 DVD 在家中或其他流动媒体观赏电影。音乐创作、时装设计、书籍设计和出版等产业，也有这种创作、生产、传播和消费过程高度流动性的特点，不同工序可以呈现更广阔的空间布局，进行跨国、跨境的协作生产。

第三节　中国文化产业及其园区现状

一　当前我国文化产业整体情况

1. 文化产业保持整体增长态势，产业发展规模化

2012 年以来，中国文化产业领域亮点不断。第八届深圳文博会的交易量又创新高，达到了 1400 多亿元，增长率达到 15% 以上，文化产业已经在慢慢吸引一些社会资金、社会资源加入到行业中来；4 月 27 日，人民网在上海证券交易所上市，这是第一家在中国 A 股上市的新闻网站，人民网的成功上市具有"标杆"意义；5 月 21 日，大连万达用 26 亿美元收购了北美第二大院线，是中国文化企业最大的一笔海外收购。

2011 年，我国文化产业总量规模稳步提升，产业结构逐步调整。2011 年，全国电影票房达到 131.15 亿元，较 2010 年增长 28.93%，其中国产影片票房占全年票房总额的 53.61%；新闻出版产业总产出达到 1.5 万亿元，新建国家级新闻出版产业基地 5 个；互联网和移动网游市场规模进一步扩大，全年国产网络游戏备案 585 款，同比增长超过 200%。

2010 年，我国文化产业增加值为 11052 亿元，占同期 GDP 的 2.75%。全国经批准成立的 120 家出版业集团，资产总额为 3234.2 亿元、主营收入 1785.8 亿元，在书报刊出版领域所占比重达 73.5%，在出版物发行领域所占比重是 53.8%，初显"行业领袖"的地位与作用。

在全国文化产业稳步增长的大环境下，各省、直辖市、自治区由于文化资源与发展基础不同，也有不同的经济表现（见表 3 - 2）。

表 3 - 2　2010 年全国 22 个省、直辖市、自治区文化产业增加值及占 GDP 的比重

单位：亿元

省　份	文化产业增加值	占 GDP 比重	省　份	文化产业增加值	占 GDP 比重
北　京	992.6	10.6	上　海	683.28	5.61
天　津	115.83	2.3	江　苏	570	2.19
河　南	450	4 以上	浙　江	595.93	3.2
河　北	302	2.2	江　西	29.9	约 3
重　庆	114.19	2.8	贵　州	55.48	2.93
吉　林	189.32	3.58	福　建	238.51	2.6
黑龙江	105.1	1.48	山　东	810	2.74
云　南	262.94	5.55	甘　肃	26.44	—
湖　南	446.22	4.9	广　西	19.87	—
湖　北	386.25	4	山　西	190.75	2.8
安　徽	173.1	2.4	广　东	192.13	6.2

数据来源：根据《中国统计年鉴》、《中国文化产业统计年鉴》等相关资料整理。

从上表可以看出，在经济发达的省市，文化产业已经成为支柱产业，如北京市、广东省。尤其在北京市，2010 年文化创意产业增加值已经超过批发零售业、房地产业、商务服务业等行业，仅次于金融业，在第三产业中位居第二。一些省市文化产业的发展极具潜力，约占 GDP 的 6%，正逐渐成为支柱产业，如上海市和云南省。

2. 文化产业新型业态形成，产业结构高级化

产业融合是文化产业结构新的动态发展过程高级化的标志。存在技术和文化含量两方面，如果强调迈向更高的发展层次，就需高新技术与创意内容的融合与渗透。

据国家统计局统计，2010 年，我国的文化产业核心层增加值共计 2038 亿元，占全部文化产业增加值的 42%；而外围层产业增加值是 874 亿元，占比 18%；相关层增加值为 1920 亿元，占比 40%。以新闻出版、广播影视服务、出版发行和版权服务、文化艺术服务等为主要构成的核心层，仍是文化产业发展中的主体力量。国产电影年产量由 2003 年以前的低于 100 部，增至 2010 年的 500 多部，30% 以上的年增长率连续保持 6 年。同年，新闻出版业总产值超过了 1 万亿元，同比增长 20%。其中，日报年出版总量 440 亿份，其出版规模位居世界首位已连续 9 年；年出版图书 27.57 万种，创造总销售额 1456 亿元。销售总额与出版品种居世界第二位[1]。主要呈现"核心层比重持续增长，相关层比重变化不一外，围层比重不断提升"的整体特征。

（1）新兴文化业态迅速发展

数字出版产业总产值从 2006 年的 200 亿元增长到 2010 年的约 900 亿元，年均增速大于 45%；影视动画产量从 2005 年的 4.2 万分钟增加到 2010 年的 22 万分钟；2010 年的国产游戏产品出口规模比 2009 年增长 116%。

（2）网络文化发展迅猛

2010 年，我国网络游戏产业的规模超过 340 亿元。网络文学用户规模增长迅速，2011 年 6 月达 1.95 亿人。网络视频用户规模 3.01 亿人。国内超过 330 个城市已被我国独立研发的移动多媒体广播电视（CMMB）所覆盖，并且 CMMB 已走向国外。

（3）文化休闲旅游业快速发展

我国红色旅游 6 年共接待 13.5 亿人次游客，其中 2010 年 4.3 亿人次，综合收入超过 4000 亿元。

3. 文化市场准入制度不断完善，投资来源多元化

经调研，全国已经有 20 多个省（自治区、直辖市）专门设立了文化产业发展资金，投入约 25 亿元。深圳、上海等地成立了文化产权交易所。

---

[1] 《光明日报》2011 年 10 月 17 日，第 3 版。

近些年出现了大批颇具实力的民营文化企业。据统计、全国共有民营的文艺表演团体约 7000 家，民营的电视节目制作类企业 2800 余家，民营的出版物发行类企业约 11 万家。

近些年来，文化部先后与中国进出口银行、国家开发银行等建立了部行合作关系。截至 2011 年末，仅部行合作机制框架下，已有 68 个重点文化产业项目获得总计 188.91 亿元银行贷款支持。在文化产业间接融资迅速发展的同时，以各类社会资本组成的文化产业投资基金纷纷涌现。据不完全统计，目前，全国共有文化产业投资基金 111 只，资金总规模超过 1330 亿元，其中 2011 年 1～11 月间设立的基金数量达 47 只，占总数的 42.34%，资金规模达 554.2 亿元，占基金总规模的 40.9%①。

4. 文化产业投资开发持续升温，产业分布簇群化

随着文化体制改革的实质性推进，特别是 105 号文件和 114 号文件精神的指引下，我国文化产业的发展格局出现了新特点。文化产业簇群的崛起，是产业发展适应经济全球化和竞争日益激烈的新趋势，为创造竞争优势而形成的一种空间组织形式。文化产业簇群的形式主要表现为，由同一产业或不同产业的很多中小企业构成的地域集聚性产业簇群。由此形成的环渤海、长三角、珠三角、滇海、陕渝、中部地区涌现的各具特色、数量庞大的文化产业园区就是这种簇群化的具体表现（见表 3-3）。

表 3-3   我国国家文化产业园区分布及特征

区　域	城市	文化产业园区
环渤海文化产业集群	北京	已批准四批 30 家市级文化创意产业集聚区，以新媒体、文艺演出、广播影视、古玩艺术交易为主。2011 年，北京文化创意产业增加值已经高达 1938.6 亿元，占 GDP 的 12.12%
	天津	已组建了 30 多个文化产业集聚区，涵盖了立体影视、新兴媒体、数字出版、动漫游戏、文化主题园区、高新技术印刷复制、广告和下一代广播电视网等领域。2010 年，文化产业占 GDP 的 3.33%

---

① 《人民日报》2012 年 3 月 9 日，第 4 版。

区　域	城市	文化产业园区
长三角文化产业集群	上海	已拥有114家市级文化创意产业园区。2011年，上海文化创意产业从业人员118.02万人；实现总产出6429.18亿元，实现增加值1923.75亿元，占GDP的10.02%；对上海经济增长的贡献率达到15.5%
	杭州	大力推进文化和旅游、科技的结合，重点发展文化旅游业、现代传媒业和数字娱乐业。2011年，全市文创产业实现增加值843.30亿元，占全市GDP的12.03%
珠三角文化产业集群	广州	已经有市级文化产业园区38个，涵盖了文化会展、广告、新闻出版、文化旅游、演艺娱乐、音像制品市场和文物字画、工艺美术品、新媒体等领域。2010年，广州市文化产业占全市GDP的8.03%。目前广州市文化企业约1.8万家，从事文化产业人员35万~40万
	深圳	已经三批建设了48家文化产业园区基地，年产值超过500亿元。2011年，深圳文化产业增加值771亿元，占GDP的6.7%
滇海文化产业集群	昆明	文化产业园区主要涉及文化创意、文化旅游、演艺娱乐、影视制作等领域。2010年，昆明文化及相关产业增加值180.44亿元，占GDP的8.53%
	成都	现已形成以新闻出版业、广播电视业、文化演出和娱乐业、数字娱乐业为主的产业体系。以国际非遗博览园为核心区域的成都青羊绿舟文化产业园区作为国家级文化产业示范（试验）园区，其核心区规划占地面积约1.6万亩，入园企业166家，其中属于文化产业类的企业107家，2011年文化产业产值约40亿元，实现税收约2亿元。2011年，成都市文化产业增加值约330亿元，占GDP的4.8%
陕渝文化产业集群	西安	提出"文化强市"战略，到2015年，培育10个科技文化示范园区和100家科技文化融合示范企业，力争文化产业增加值超过600亿元，占GDP的9%以上。曲江新区作为全国第一个也是规模最大的国家级文化产业示范区，已有超过1500家文化企业聚集；西安高新区是国家重点建设的六个世界一流科技园区之一，2011年营业收入已经突破5200亿元
	重庆	已经有43个市级文化产业园区，覆盖了报业、出版、发行、广电、演艺、电影等领域。2010年，重庆文化产业实现增加值超过320亿元，占比超过3.20%

续表

区　　域	城市	文化产业园区
中部文化产业集群	武汉	已经有23个市级文化产业园区，特别是中国光谷创意产业基地，总面积达5万平方米。2010年底，武汉市文化产业总资产1567亿元，从业人员近25万人，文化产业增加值达303亿元，占全市GDP的5.5%
	长沙	树立"文化强市"战略，国家动漫产业（湖南长沙）和天心文化产业园都落户长沙，影视传媒、新闻出版、演艺娱乐、动漫游戏、民间工艺等已成为主导产业。2010年全市文化产业总产出948.73亿元，为2005年的3.1倍；2010年文化产业增加值达到453.84亿元，占GDP的10%
	郑州	以登封文化产业示范区为代表性文化产业园区，未来计划投资100多亿元；国家动漫产业发展基地（河南基地）在郑州高新技术产业开发区建设，总投资12亿元，目前入驻企业68家

二　当前我国文化产业园区整体情况

根据文化部的统计，截至2013年末，全国共有8个国家级文化产业示范园区，6个国家级文化产业试验园区和268个国家文化产业示范基地。2010年，国家级的示范园区（基地）总收入为2500亿元，总利润达到365.2亿元；2010年，示范（试验）园区、集聚类基地分别投入13.71亿元、6.37亿元用于初创文化企业的孵化，分别孵化文化企业1218家；从2005～2010年，投入的孵化园区和集聚类基地的资金从7.38亿元增加到22.38亿元；完成孵化的文化企业数从697家增加到8960家；2010年，示范（试验）园区、集聚类、单体类基地合计获得自主知识产权数16626项。

1. 示范基地行业分布情况

从行业分布来看，137家示范基地中，演艺业、艺术品和工艺美术业、文化旅游业占据前3位，其比例分别为25%、24%和20%。这三类示范基地的数量，已占示范基地总数的69%（详见表3-4、图3-6）。

2. 示范基地地域分布情况及分布特点

（1）按省级行政区分布情况

广东（21家）、北京（16家）、四川（12家）、上海（9家）、辽宁（8

表 3 - 4 国家文化产业示范基地行业分布情况

行 业	演艺业	文化旅游	艺术品及 工艺美术	文化娱乐	动漫游戏 网络文化	影视出版	其他①
数 量	34	28	33.5	9.5	12	11	9

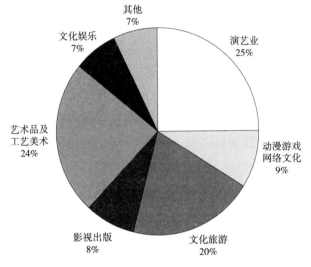

图 3 - 6 国家文化产业示范基地行业分布

家）的示范基地数量居全国前 5 位。江苏和浙江各有 7 家示范基地。除了四川以外，其他 6 省均属东部地区。而海南、西藏、新疆、青海四省区，都只有 2 个示范基地（见表 3 - 5）。

表 3 - 5 国家文化产业示范基地省区分布

省区市	数 量	省区市	数 量	省区市	数 量
北 京	16	上 海	9	广 东	21
天 津	3	江 苏	7	广 西	3
河 北	4	浙 江	7	重 庆	3
山 西	3	安 徽	3	四 川	12
内蒙古	2	福 建	2	贵 州	2

---

① "其他"包括文化产业投资、文化产业群等不能明确划分行业的示范基地以及几家乐器生产企业。对于混业经营的示范基地，由于没有详尽的收入明细，对其所涉及的主要行业各分配 0.5 个名额。

续表

省区市	数 量	省区市	数 量	省区市	数 量
辽 宁	8	江 西	2	云 南	5
吉 林	4	山 东	5	陕 西	5
黑龙江	3	河 南	4	甘 肃	3
湖 北	3	湖 南	5	青 海	2
西 藏	2	宁 夏	1	新 疆	2
海 南	2	—	—	—	—

（2）按城市分布情况

北京（11 家）、上海（9 家）、成都（6 家）、深圳（5 家）、杭州（4 家）的示范基地数量位列前 6。另外，大连、沈阳、长春、哈尔滨、南京、天津、昆明、郑州、西安、长沙、重庆等 11 个城市都有 3 家示范基地。上述 17 个城市分布的示范基地数量（68 家）占示范基地总数的 49.64%。

（3）按东、中、西部分布情况

137 家示范基地中，位于东部省区的有 70 家，占总数的 51%。中部地区和西部地区分别有 27 家、40 家，占总数的 20% 和 29%（详见图 3 - 7、表 3 - 6）。

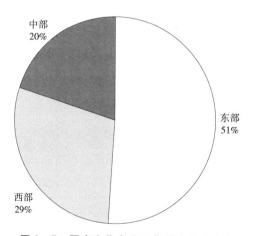

图 3 - 7　国家文化产业示范基地地域分布

表 3 - 6 按东、中、西部划分的国家文化产业示范基地的行业分布情况

区 域	演艺业	文化旅游	艺术品及工艺美术	文化娱乐	动漫游戏网络文化	影视出版	其 他①
全 国	33.5	28	33.5	9.5	12	8.5	10
东 部	16	6	19.5	6.5	8	6	6
中 部	8.5	7	3	3	4	0.5	3
西 部	9	15	11	0	0	2	1

从统计数据看，演艺业在东、中、西部的分布比例与示范基地的总体分布比例基本一致。

西部地区明显的特点是没有科技类和文化娱乐业的示范基地，业态上以文化旅游、工艺美术、演艺业为主，除个别国有文化产业投资公司外，几乎全部基于当地的传统文化资源、自然资源、传统手工艺资源优势而建立。

中部地区具有一定的人才资源优势和传统文化资源，文化旅游有一定基础，动漫等业态有一定发展，而工艺美术类示范基地比例较低。

东部地区与经济发展水平有较大关联的文化娱乐、动漫游戏等业态分布比较集中，受消费水平和消费习惯影响的工艺美术类示范基地也较多。

3. 示范基地 2010 年收入情况

（1）2010 年，国家级文化产业示范基地和园区总收入的规模达到 2500 亿元，总利润超过 365 亿元，国家级的文化产业示范基地园区已经发展成为文化产业的重要载体，也催生了一批有较强实力、竞争力和影响力的大型文化企业和企业集团，为全国的文化产业发展树立了标杆，也做出了示范。

（2）2010 年，在提供了收入数据的 94 家示范基地中，收入额超过 100 亿元的有 1 家，收入额在 10 亿 ~ 100 亿元的 7 家，收入额在 5 亿 ~ 10 亿元的有 4 家（详见表 3 - 7、表 3 - 8）。

---

① "其他"包括文化产业投资、文化产业群等不能明确划分行业的示范基地以及几家乐器生产企业。对于混业经营的示范基地，由于没有详尽的收入明细，对其所涉及的主要行业各分配 0.5 个名额。

表 3 - 7 国家文化产业示范基地 2010 年收入情况

收入额	100 亿元以上	10 亿 ~ 100 亿元	5 亿 ~ 10 亿元	1 亿 ~ 5 亿元	5000 万 ~ 1 亿元	500 万 ~ 5000 万元	500 万元以下
数 量	1	7	4	18	17	42	5

表 3 - 8 2010 年收入额超过 5 亿元的国家文化产业示范基地

单位：亿元

序 号	示范基地名称	2010 年收入	备 注
1	华侨城集团	207.9327	上市公司
2	深圳市腾讯计算机系统有限公司	71.545	上市公司
3	上海盛大网络发展有限公司	35.69	上市公司
4	哈尔滨新媒体产业基地	29.70	产业群
5	上海东方明珠集团股份有限公司	18.25	上市公司
6	广东省广告有限公司	18.15	
7	西安曲江文化产业投资集团有限公司	12.6983	
8	TCL 文化发展有限公司	10.00	上市公司
9	成都洛带客家文化产业开发有限公司	7.96	产业群
10	雅昌企业集团	6.0541	
11	苏绣文化产业群	5.99	产业群
12	福建网龙计算机网络信息技术有限公司	5.96	上市公司

我们注意到，在 137 家示范基地中，腾讯公司和盛大公司两家新兴网络文化企业收入额明显高于其他行业。而相比之下，占据数量绝大多数的演艺业、文化旅游业、艺术品和工艺美术业三类企业，其单体收入额都不大。

在收入额超过 5 亿元的 12 家示范基地中，有 6 家上市公司、3 个产业群（另外三家企业是广东省广告公司、西安曲江文化产业投资公司和雅昌集团）。

4. 示范基地所有制分布情况

137 家示范基地中，国有（包括参、控股）文化企业 54 家，占总数的 39.4%；民营及外资文化企业 68 家，占总数的 49.6%；分散业态的文化产业群 15 个，占总数的 11%。不同所有制的行业分布情况如下：

（1）在动漫游戏网络文化领域，从数量上看，除 3 家国有经营的产业园区外，动漫游戏网络文化领域的示范基地全部是民营企业（见表3-9）。

表3-9　不同所有制国家文化产业示范基地行业分布情况

行　　业	演艺业	文化旅游	艺术品及工艺美术	文化娱乐	动漫游戏网络文化	影视出版	其他①
总　　数	34	28	33.5	9.5	12	11	9
国　　有	18.5	11	9.5	3	3	6.5	3
民营及其他	15.5	17	24	6.5	9	4.5	6

（2）在演艺业和影视出版相关领域，国有示范基地在数量上占据微弱优势。

（3）在文化旅游、艺术品及工艺美术、文化娱乐等领域，民营示范基地在数量上占有明显优势。

（4）在"其他"类中，3家国有示范基地有2家是文化产业投资公司，1家是产业群。6家民营示范基地中有3家乐器生产企业。

三　当前陕西文化产业园区整体情况

1. 整合资源，实现规模化

通过对自然、历史、文化资源进行有效融合，注入科技、人才、资本等要素，不断挖掘、创新资源，转化和开发可利用资源，陕西省逐步引导发展形成了多个主题明确、功能完善、特色鲜明、独具魅力的文化产业园区和基地。西安高新区以数字出版为主题，聚集省内新闻出版资源，并联合海内外数字出版龙头企业共同组建西安数字出版基地运营有限公司，整合国内外数字出版产业在版权内容、编辑、印刷、发行、技术、终端、广告等各环节的战略性产业资源，建设西安国家级数字出版基地，发展新兴战略性数字出版产业，打造西部数字出版产业高地；西安浐灞生态区的"后世园会主题乐园"，充分利用世园会会址的资源优势，大力发展休闲娱

---

① "其他"包括文化产业投资、文化产业群等不能明确划分行业的示范基地以及几家乐器生产企业。对于混业经营的示范基地，由于没有详尽的收入明细，对其所涉及的主要行业各分配0.5个名额。

乐文化产业，开发建设一个及各种数字化参与互动性娱乐，一级体验式游乐项目为主的反映全球最先进水平的游乐园，带动了西安市乃至陕西省休闲娱乐文化产业向规模化、品牌化方向发展。

2. 加强集聚，完善产业链

陕西省通过不断积聚文化产业，完善产业供需链前向、后向关联空间链，加速文化产业发展的规模化和专业化，促进知识和技术的转移、扩散，努力打造区域文化产业园区与基地品牌。如西安曲江新区依托曲江行政商务区楼宇经济圈，打造总面积达50万平方米的文化产业聚集区，推出了"文化基金+贷款担保+风险投资+财税补贴+房屋补贴+小额贷款+专项奖励"七位一体的文化产业投资扶持政策。截至目前，曲江新区引进文化企业数达1648家，文化企业注册资本突破320亿元、从业人数3万余人，形成了覆盖会展、影视、演艺、出版等15个门类的全文化产业链，文化产业、文化事业和城市建设齐头并进，文化与科技、文化与资本、文化与体制机制创新深度融合，迸发出前所未有的活力，成为全国最重要的文化产业聚集区。2011年，曲江新区实现文化产业产值120亿元，文化产业增加值25亿元。

3. 政策引导，投资多元化

陕西省近年来秉承先行先试、因地制宜的原则，通过政府扶持、优惠政策、引导多元投融资等多种方式，文化产业经济发展政策带到了与文化产业园区、基地发展同步工程的效果，加速催化了文化产品与服务的不断创新与更替。近年来，曲江新区坚持金融创新，不断融通大资金，投资文化旅游产业。2011年，与国家开发银行共同发起成立了全国第一个城市发展基金——开元城市发展（西安）基金，成为全国金融创新的重大成果，仅2011年就为曲江融通资金80亿元以上；与上海浦发银行合作创新投融资模式，为曲江文化产业集团和大明宫投资集团融通资金50多亿元；曲江文化旅游集团借壳上市，拓展资本市场也取得重大进展；2012年4月，西安文化产权交易所与重庆银行、西安银行、兴业银行、东亚银行、招商银行签署战略合作协议，总计筹集140亿元，协议签署后，西安文交所将对各类文化企业的融资需求进行筛选推荐，实现其与金融机构的有效对接，可为各类出资主体提供灵活便捷的投融资服务。借助现有平台，积极引导民营企业加入文化产业，加大引入民营资本"活水"，民营文化企业迅猛发展，已成为文化产业发展的生力军。

经过几年的努力，目前陕西省已有曲江国家级文化产业示范园区、8家国家级文化产业示范基地、86家省级文化产业示范基地（单位）。文化产业园区与基地的经营范围基本涵盖了国家文化产业统计体系的各个产业门类；陕西文化产业示范园区、基地形成了以西安为核心，辐射全省的分布格局。示范园区、基地主要依托文化旅游业、文艺演出业、民间艺术业等陕西特有的传统文化资源，园区基地建设迈出新的步伐，各基地各显神通、特色鲜明，具体成就有：

（1）打造了一批具有陕西特色的文化品牌，形成了唐文化旅游演艺类品牌，及以华县皮影、凤翔泥塑、陕北剪纸为代表的民间艺术品牌。

（2）建设了一批以大唐芙蓉园、大唐西市、宝鸡石鼓文化园、富平陶艺村、西安高新区文化创意产业聚集区、西安碑林动漫产业聚集区等为代表的特色文化产业主体园区。

（3）培育了以曲江文化产业投资集团公司、陕西文化产业投资集团公司、宝鸡文化路游产业投资公司、大唐西市文化产业投资公司等为代表的一批知名文化企业。

（4）形成了以曲江国家级文化产业示范区为代表的文化产业集群，该区聚集了演艺、数字出版、影视制作、动漫、美术创意、艺术造型、会展、广告等900多家企业，仅2010年就获得2亿元文化产业扶持资金，撬动投资17亿元。

（5）建设并开放了一批大型文化场馆和文化遗址公园，探索出了文化遗址保护与合理开发的新路径，带动了全省文化设施建设和发展。

（6）经济收益显著提高，2010年，8个国家级示范基地增加值近30亿元，占全省文化产业增加值的10.5%，有效地推动了文化产业成长为国民经济的支柱性产业。

（7）文化产业吸纳劳动力就业的能力不断增强，2010年，陕西省文化产业从业人员总数为37.67万人，较2006年增加了9.36万人，年均增长

6.5%，高于全社会从业人员增速。

第四节　中国文化产业及其园区发展瓶颈

由我国文化产业发展可以看出，其文化产业的经营地域已走出传统的行政区域划分，出现了空间延伸性，即最初可能在某一地区强势发展，进而影响相关区域的同类企业在区位选择上呈现出毗邻偏好。经营领域也强调跨行业经营，在做大的同时不免存在何时能做强、强到什么程度的担心。从运营现状上看，不少地区文化产业产值还不高，产值过亿元的大中型骨干文化企业较少，与国家级的文化产业示范区应有地位尚存差距；区内文化企业的国有成分过大，民间力量还有待挖掘；城市管理水平和旅游服务质量还需进一步提升；文化产业生态链也需不断通过实践来验证与完善。而且，文化产业园区在发展过程中，还存在决策风险、管理风险和债务风险。基于未来扩张的计划与现有不足和风险，文化产业园区如何实现较高的投资回报率是发展的关键，而明晰的产业价值链和一定的政策支持，无疑是园区和园区内企业获取竞争优势的基础①。具体包括：

1. 文化产业集群的资源生态位有待提升

文化资源是文化产业生存和发展的基础。从全国范围来看，很多省、自治区、直辖市如甘肃、内蒙古、陕西、山西等，其文化资源非常丰富，但这些地方的文化资源的产业转化却步履缓慢，有些地区如新疆维吾尔自治区和西藏自治区，其文化资源的产业开发和利用方面还基本处于起步阶段。

究其原因，集群发展的整体环境有赖于自然环境、人文环境的打造。由于缺乏长远细致的文化产业园区发展规划，未能充分挖掘区域文化资源，忽视本地实际文化需求，出现了一定程度的重复建设、园区同质现象，反而容易导致资源浪费与行业恶性竞争。表现为：

（1）文化资源产业开发的单一性主要表现在其产业功能的单一及开

---

① 叶朗主编《2011 中国文化产业年度发展报告》，北京大学出版社，2011。

发的模式雷同化。在西北地区文化资源的产业开发方面，许多省份还主要是以民俗文化体验和民间工艺品为主要内容的旅游产业，文化附加值较低。

（2）文化资源产业开发的同质性是指文化资源产业开发存在地域结构的高度相似性。全国各省市基本都拥有自己的动漫基地、影视城、主题公园等，彼此名称、性质、结构都高度趋同。据统计，中国拥有多达 2500 座主题公园，是世界上数量最多的国家。很多地方不考虑自身的经济、文化、气候条件匆忙上马，大多属于低水平重复建设，建成之后很多主题公园陷入亏损的境地。这种同质性的相互竞争，不但造成了文化资源的极大浪费，而且也不利于文化产业的长远发展。

所以，需要营造文化产业发展的政策环境、市场环境和社会环境，以及金融支持环境、信息服务环境、人力资源环境甚至国际环境等，由此建立起促进文化产业园区可持续发展的激励机制氛围。比较成功的案例如深圳，在经历了以"世界之窗"为代表的微缩景观主题公园及"欢乐谷"后，推出的"东部华侨城"采用生态景观的新型旅游盈利模式，推出不久其经营利润已达初始投资的 3~4 倍[①]。

2. 文化产业集群的资本生态位有待重视

（1）各地文化企业不乏创意和无形资产（或知识产权），但启动资金不足，也缺乏好的经营模式和管理，通常较难直接获得投资和银行贷款，需要通过风险投资和贷款拉保来融资。但是由于文化企业固定资产少、无形资产多，投融资机构难以对以知识产权为代表的无形资产进行评估，这些无形资产及其外在表现形式具有较高的政策风险和市场风险，且由于对文化产品需求的不确定性导致文化产业相关层资金链流转渠道不畅，所以文化企业难以申请银行贷款。

（2）各地现有的文化基金主要为公益性文化项目提供资助，不具备投资功能和通过市场再造、放大的功能，有限的资金无法对具有良好市场前景的产业项目予以持续的扶持。尽管民间存在大量社会资本，但由于缺少

---

① 王为理：《从边缘走向中心——深圳文化产业发展研究》，人民出版社，2007。

相关专业的文化产业投融资机构以及文化产品、文化企业融投资标准和方法，在一段时间内也很难投资到文化产业园区。所以，比如多数规模小但需求资金大、投资回报期长的民营动漫企业，均无法独立承担自主开发动漫产品的费用；民间艺术品行业更会因为融资问题阻碍行业的进一步发展。

3. 文化产业集群的技术生态位有待拓展

（1）由于集群的锁定效应，尽管总体看文化产业园区内企业已达一定数量，但不少园区企业间、园区内企业与园区外企业缺少交流与合作，不能主动、频繁参与到跨地域、跨行业的产业价值链运营中，以至于运营效率低、交易成本高、文化产品的社会影响力有限。

（2）文化产业园区内机构设置不科学，机构间产业相关度低，未能很好拓展文化产业关联性，以至于"微笑曲线"具有产业高附加值的上游研发部分与下游市场销售部分的优势未能真正得到体现，很难产生较高的产业集聚效应。

4. 文化产业集群的人力生态位有待改善

纽约文化产业的从业人员占总就业人口比例的12%，东京15%、伦敦14%，而我国不足千分之一。人才的缺乏不仅涉及文艺演出、民间艺术等传统文化产业，也涉及网络娱乐、文化服务等新兴文化产业，既缺少创意开发人才，又缺少文化创意、经营和管理方面的高层次人才，尤其是缺少具有战略眼光，懂经营、善管理的创新型文化高端人才。就现状看，我国文化产业园区针对上述人才，还没有构建成熟的引进和培养机制，具体表现为：

（1）对文化产业教育培训的投入不足，以培养适合文化产业需求的高层次人才，大力吸引、培养优秀文化产业人才的意识不强。

（2）未能很好营造宽松自由、尊重知识、鼓励个性和激励创新的氛围。

第三篇　文化产业运行的
　　　　　经济学分析

第四章　生产阶段

第一节　文化产业的价值来源

马克思在《〈政治经济学批判〉导言》中，充分论证了生产、交换（流通）、分配、消费的相互关系。"一定的生产决定一定的交换（流通）、分配、消费和这些不同要素相互间的一定关系。当然生产就其片面形式来说也决定于其他要素。"生产创造出消费的对象，没有生产就无所谓消费，生产的目的是为了消费；同时，消费不仅创造出了生产主体，而且还为生产提供了原始的动力。交换和分配是生产和消费的中间环节和媒介要素。"我们得到的结论并不是说，生产、交换（流通）、分配、消费是同一的东西，而是说，它们构成一个总体的各个环节，一个统一体内部的差别。"由此可见，生产、交换（流通）、分配、消费四要素相互影响、相互联系，共同构成了社会化大生产的循环系统。

一　文化产业的价值创造

文化是否创造价值？如果可以，其价值决定方式是什么？

马克思在《资本论》第 1 卷中，曾经对物质生产劳动进行过这样的经典界定："在劳动过程中……人的活动是一种借助于劳动工具实现计划好的有目的的并且事先对世界的改造的物质生产活动。这一过程最终生产出产品也就是后来说的使用价值，自然物质可以按照人的需要改变其形式。劳动已经在其产品中结合，成为具体劳动和抽象劳动的统一体。"据分析，人类社会的进步源于人类对自然的智慧利用及改造，脑力劳动应包括：控制、调度和驾驭人之体力的初级脑力劳动，组织、协调、创新、改进与拓展人之体力和自然之力使用的中级脑力劳动，以及形成与改进前二级脑力劳动的高级脑力劳动（虽不直接参与具体物质资料形成或改变过程，但通过研究和认识、发现和发明、传播和普及人力与自然力的作用机制和结合方式，为前二级脑力劳动参与物质资料生产活动提供可能性，以达到更多物质资料的目的，并进而形成既从属于物质资料生产，又与物质资料生产相对独立的精神资料生产，譬如科学教育、技术研究、技能培训、管理咨询、文化娱乐等活动）。包括体力劳动和各级脑力劳动在内，各种劳动方式都是可以并存的，但以何种劳动方式作为主要形式是一个在人类社会发展进程中逐次替代和螺旋式上升的过程，并决定了人类社会的物质资料生产方式。

从历史角度看，依次出现的主要生产方式有：以获得性自然物品为主的生产方式（原始社会）、以初级劳动为主的生产方式（奴隶社会、封建社会）、以中级脑力劳动为主的生产方式（资本主义社会）等。因此，资本主义社会之后的生产方式即使存在，也未必如人们通常所认为的那样，是"现代化的机器大生产"，而是以高级脑力劳动（知识生产）为主的生产方式，并逐渐过渡到以精神文化生产为主的社会形态。所以，通过马克思关于"劳动是一种对象化的赋形活动"这个线索，将传统意义上的物质生产劳动和非物质生产劳动的实质串接起来，扩大了马克思关于物质生产劳动的边界，将马克思关于劳动概念的理解扩展到当代社会之中。沿着这样一种回归的劳动价值论逻辑，就会发现作为一种"生产观念、符号、编码、文本、语言、想象以及其他类似产品的符号性劳动"，一部分创意劳动看似并未直接创造传统意义上的物质产品，其实十分类似于商业劳动、管理劳动以及服务性劳动。从当代哲学界以及自然科学界对物质概念的重新划界来看，马克思所坚持的劳动就是在按照人的计划对物质进行某种程度的改变活动之中，应当包括创意劳动，它属于现代意义上的新物质劳动。

文化产品在生产阶段的内容具体包括：

（1）创意内容的策划

创意来源于艺术家、设计者或策划者的灵感或创造，正是这一群体成为文化产业的真正推动者。参与的市场主体是文化内容提供者，其中的关键人物是艺术家、设计师等。这个环节是创意产业价值链的源头，在任何情况下，都是控制整个链条的关键环节，主要增值部分就在其原创性的知识含量之中。

（2）文化产品的设计和生产制作

这一阶段是依靠现代技术创新将创意（或作品）转化为文化产品的过程。被授权创意生产的文化企业以尽可能多、尽可能贴近不同消费者需求的产品形态承载文化信息，如生产以光盘、软件包、网页、视频等多种形态为载体的文化产品。在这一过程中，创意内容通过不同的承载方式，不断改进和完善其文化服务价值，实现文化产品的边际效用递增。

以下重点分析并解决文化产业的价值来源问题。

（1）文化产品的价值构成

生产阶段就是将创意转化为制作的过程。文化创意就是以消费者为中心，研究文化市场和文化需求的变化，依照特定的文化消费趋向，设计出相应的符合消费者的娱乐、审美需求的文化产品和文化服务。文化产品制作是文化创意的具体体现和实际物化形态。

道格拉斯和伊舍伍德都强调，通过人们对商品的使用来划分社会关系。他们认为，人们对商品的享用，浅层次讲与其物质消费有关，但关键还是人们将其用作一种识别社会身份的标签使消费者效用最大化。从现代观点来看，文化创意产业价值系统由功能价值和观念价值构成。其中，文化产品本身作为功能价值的载体表现其物理属性和表征形成的价值；观念价值则突出强调了依附在文化产品之上的因社会评价所形成的价值，而人们对于商品的认知程度将更多地取决于观念价值的高低。随着经济的发展，构成文化产品市场价值的这两部分的比重会发生变化：从短缺经济时代注重功能价值，向恩格尔系数普遍下降后的对观念价值的青睐转变。商品价值系统的持续生命力体现在价值系统的不断增值。

文化创意企业获取竞争优势的关键，是建立商品价值系统的持续生命力，即将科技创新资本和文化创意资本融入到企业的商品或生产流程中，增强企业的核心能力，通过蓝海战略使企业的商品价值系统变得独一无二。基于"要素投入→价值创造→价值实现"的价值形成过程,将文化创意产业价值体系分解为一个三维空间:物质文化、非物质文化等文化资源(r)代表宽度;技术、渠道、基础设施等传播手段(t)代表深度;各个领域的文化内容创意活动(i)代表高度。产业发展水平由三维向量非线性组合的凸曲面表示,这个曲面离原点越远,表明综合运作三种产业要素的能力越强,因而该文化创意产业的发展水平越高,相应的,文化产品创造的价值量也越大,反之亦反(见图 4-1),即 $v = f(r, t, i)$。

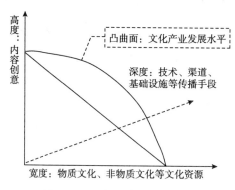

图 4-1　文化创意产业三维度

首先,思考文化资源是否有价值?《资本论》第 3 卷论及:"每一种商品(因而也包括构成资本的那些商品)的价值,都不是由这种商品本身包含的必要劳动时间决定的,而是由它的再生产所需要的社会必要劳动时间决定的。"这种再生产可以在和原有生产条件不同的、更困难或更有利的条件下进行。如果在改变了的条件下再生产同一物质,资本一般需要加倍的时间,或者相反,只需要一半时间,那么在货币价值不变时,以前值 100 英镑的资本,现在值 200 英镑或 50 英镑。文化资源倘若深埋于地下,只有经历自然的风化及人工的开掘方能"面世",由此成为文物古迹。在马克思所处的时代,资源消耗量尚在生态域值以内,资源再生产的必要劳动时间为零,因而空气、天然草地等没有价值。随着经济发展,当资源消耗量超过生态域值,并造成生态环境破坏之后,社会总劳动中必须有一部分劳动时间用于生态修复,即再生产这种生态资源必须要付出社会必要劳动。特别需要指出的是,由于文化资源的不可再生性,意味着投入其中的社会必要劳动时间将更多，正如马克思指出："金刚石在地壳中是很稀少的，因而发现金刚石平均要花很多劳动时间。因此，很小一块金刚石就代表很多劳动。"因此，文化资源应具有价值。

当然，以上均离不开劳动者的付诸实施。随着科学技术的发展和广泛应用，社会生产方式发生了变革，劳动的概念随之发生了重大变化，其中之一是由分工与协作所决定的："劳动者"涵盖了所有围绕研发创意活动的工程技术人员、科学家、经营管理者和管理学家等脑力劳动者以及制造工人等体力劳动者，以其价值转移的方式创造出新商品。由这种劳动者总体所形成的劳动在内涵上发生了质的变化：随着科学技术的进一步发展和广泛应用，复杂的知识性劳动越来越占主导地位，从而使自动化条件下的企业在活劳动节约的前提下能获得更多的利润。与此同时，在自动化生产条件下，简单劳动比重下降，复杂的知识性劳动即高级复杂劳动比重在上升，复杂劳动能在同一劳动时间内比简单劳动创造更多的价值，具体体现在复杂的知识性劳动不但能转移不变资本的价值和创造新价值，而且还可以摄取大量的"积累劳动"形成的价值并转化为新价值，这正是简单劳动缺乏的功能，也是"少量的复杂劳动等于多量的简单劳动"的内涵所在（在此，"积累劳动"的价值并非积累劳动创造新知识价值，而是指前人或他人在其知识生产中活劳动创造的价值以及物化劳动转移的价值）。这成为自动化企业超额利润的真正来源。

二　文化产业的价值决定

本书运用简单的模型化方法，试图阐释创意劳动在价值决定中的作用。假设社会在一定时期内，若干种劳动单位时间内平均的劳动消耗量为 Q_i，即一般简单劳动的单位时间的劳动消耗量，以其为标准，任何一种劳动单位时间内的劳动消耗量 Q_{il} 与之相比，就得到该劳动的复杂度 I_i（因前文中的 i 表示创意劳动，笔者认为其价值高低取决于复杂度 I）

$$I_i = Q_{il} \ / \ Q_i \tag{1}$$

$$Q_i = \sum Q_{il}t_i \ / \ \sum t_i \tag{2}$$

本部门内价值决定公式为

$$V_i = T_i \qquad\qquad (3)$$

$$t_i = v_i = V_i / Q_i \qquad\qquad (4)$$

其中，Q_i 为部门使用价值总量，T_i 为部门劳动时间总量，V_i 为部门价值总量，t_i 为社会必要劳动时间，v_i 为部门单个商品价值。

上述公式中，直接用劳动时间总量来表示劳动消耗量，也就是价值总量。对于部门内商品价值决定来说，这是正确的。但是，考虑到不同部门商品价值的决定时，上述公式就不够准确，因为复杂程度不同的劳动在相同时间内的劳动消耗量以及价值量是不同的。因此，时间不再是表明劳动量的唯一因素，为此需要引入各部门单位时间内劳动消耗量 Q_{il}。尽管这个因素在实际中是难以度量的，但从理论角度讲，它可以说明劳动复杂程度在价值决定中的作用。

在假定部门供求相等的情况下，对公式（3）和（4）做如下修订：

$$V_i = Q_{il}T_i = I_i Q_i T_i \qquad\qquad (5)$$

$$t_i = v_i = Q_{il}T_i/Q_i \qquad\qquad (6)$$

部门价值总量是由劳动时间以及单位时间内劳动的消耗量共同决定的，社会价值总量

$$V = \sum V_i = \sum Q_{il}T_i = Q_i \sum T_i I_i \qquad\qquad (7)$$

从静态角度讲，Q_i 是一定值；从动态角度讲，它又因科技水平的提高、劳动的复杂性增加而增大，意味着该部门（本书仅分析文化创意产业）劳动消耗量的普遍上升，公式（7）说明了这一点。这也可以进一步理解，文化创意产业的劳动价值论诠释。

因此，根据《马克思政治经济学》原理，文化产品的市场价格依然取决于其生产所耗费的社会必要劳动时间。（1）文化产品的研制生产和投入流通是社会所需要的、且往往是迫切需要的；（2）许多不成功的研制开发费用，从社会的角度讲是必然的、必须的；（3）从现象上看，成功开发并生产具有优异特性文化产品的企业，将获得高额利润；从形式上讲，该企

业的劳动耗费，高倍数倍地被社会承认为必要劳动耗费。

由此实际已经可得出重要结论：作为一般规律或社会平均数而言，个别企业成功地开发出来的文化产品，其似乎高昂的价格，正是社会必要劳动耗费的体现，是新研制成功产品实际价值的体现，是其他不成功的研制开发费用，增大了各种新产品的全社会总研制开发费用；商品经济社会里，成功地开发生产新产品的企业因此而获得的高额利润，实际是社会为此而支出的劳动耗费必然补偿形式。当然，就像成熟产品的必要劳动耗费，只能是指社会平均数，全社会众多企业研制某种新产品的总费用额对研制开发成功的商品价值的影响，也只能是指前者对后者的必然的制约作用。在商品经济社会里，和新产品开发销售成功的企业所获得的高额利润相联系，这些企业的实力会因此大大增强，这实际是与商品生产相联系的价值占有和运用的特定社会形式，进而推动社会生产、生活新的发展。

第二节 文化产业集聚的效率分析

古典经济学派亚当·斯密（1776）在《国富论》中首次对分工理论进行了系统分析，提出分工和专业化是劳动生产率提高和经济增长的源泉，即"分工的深化受到市场交易范围的限制"。阿伦·杨格（1928）在其《规模报酬递增和技术进步》的论文中，对斯密关于劳动分工和市场规模的思想重新论述，提出"分工决定于分工"的杨格定理，即分工演进取决于市场规模，而市场规模又取决于劳动分工，这是一个互为因果、循环累积的演进过程，共同推动经济增长。杨格第一次论证了市场规模与迂回生产、产业分工相互作用、自我演进机制，是对斯密关于劳动分工受限于市场范围的思想超越。

新兴古典经济学认为，分工是一个自发演进的过程，分工演进的机制就是对分工导致的收益增加与成本上升两难的取舍；制度变迁和组织创新对分工深化有着决定性影响，而能否实现高水平分工与交易效率有关；分工和专业化以专业知识累积和技术创新的形式决定报酬递增。

杨小凯等学者以专业化分工为基础的关于报酬递增机制导致产业空间

扩大的论述，是自马歇尔以后将空间因素纳入经济学理论框架的一次重大尝试。他们以专业化分工理论为基础，将分工、交易费用、交易效率的概念和一般均衡的分析工具引入对产业集聚的研究中，认为产业集群的形成正是专业化分工的产物，是获取由分工产生的报酬递增和降低专业化分工产生的交易费用的经济空间组织形式。

一　集群劳动力资源效率分析

美国学者裴宜理教授对上海纺织女工的研究发现，"地理源流将来自同一地区的人们汇集到同一行业的事实表明，地缘的关系和产业的关系是交相为用的"（裴宜理，2001）。这说明，地缘的社会关系网络，首先影响劳动力选择就业的地域和行业范围，这与社会学家边燕杰等对于中国人际社会网络和社会资本与就业之间关系的研究结论基本吻合（边燕杰、张文宏，2001）；与此同时，不同的产业需要招募不同技能的工人，因此，产业的空间集聚也会影响劳动力跨区域流动的方向和区间。我国目前尚无专门针对产业集群的就业和劳动力统计，但是，从宏观的劳动力供给和流动情况统计中（何宇鹏，2008），我们仍然能够发现劳动力空间集聚与地方产业集聚之间的高度联系。

所谓劳动力资源共享，用马歇尔的话来说，是指"地方性工业因不断地对技能提供了共同的市场而得到很大的利益。雇主们往往到他们能找到所需要的有专业技能的优良工人的地方去；同时，寻找职业的人，自然到许多雇主需要像他们那样的技能的地方去，因而在那里技能就会有良好的市场"。马歇尔把这种因为劳动力共享而产生的城市集聚经济称为"劳动力市场经济"。劳动力储备共享与经济活动在城市空间的集聚具有相互促进和自我增强的累积因果关系，因而使得城市集聚经济呈现出某种报酬递增的特性。

（1）劳动力资源储备模型

①孤立企业。在城镇内部，孤立企业不会面临任何劳动力竞争。为简化所讨论的问题，我们假设在某一封闭的地区，劳动力供给完全没有弹性，固定为 12 个工人。这就是说，工人的工资将随着对企业产品需求的改

变而上涨或下降。

当企业产品需求较高时，企业对劳动力的需求也会提高。图 4 - 2 中的（a）图反映了孤立企业的情况。当劳动力需求增加时，位置较高的需求曲线将与垂直的供给曲线相交于 b 点，该点为高需求均衡状态，此时工人的工资为 16 美元。如果该企业产品的市场需求下降，企业将减少劳动力需求，并形成一个新的均衡工资（新均衡点在 h 点，均衡工资为 4 美元）。由此可以得出结论，孤立企业在产品市场需求较高或较低时会雇用相同数量的工人，当产品的市场需求较低时，企业的劳动力需求下降，工人的工资也会随之降低。

②集群企业。封闭地区的孤立企业和企业集群之间的关键不同在于劳动力的竞争性和工资的可变性。集群内数量众多的企业为工人提供了大量的工作岗位。如果工人可以在封闭地区和企业集群之间流动，那么，在均衡状态下，这两个地区的工资水平将具有无差异性。

在封闭的地区，劳动力需求高时，工资为 16 美元；劳动力需求低时，工资为 4 美元。假定这两个结果出现的概率相等，那么工人的期望工资为 $\frac{1}{2} \times 16 + \frac{1}{2} \times 4 = 10$ 美元。为使两个地区的工资具有无差异性，企业集群内的固定工资必须为 10 美元。

图 4 - 2 中的（b）图描述了企业集群内劳动力需求和工资变化的情况。在企业集群中，企业面对的是一个具有完全弹性的劳动力供给市场，工资固定为 10 美元。当产品需求较高时，企业雇用 21 个工人（d 点）；但当产品市场需求下降时，企业仅雇用 3 个工人（j 点）。

（2）企业集群内较高的期望利润

在企业集群内企业的期望利润将很高，这是因为集群内的企业可以随时对产品的需求变化做出反应。当市场需求高时，在集群内较低工资（6美元的差距）的驱使下，企业可以雇用更多的工人（21 人）。当市场需求较低时，集群内的企业为减少损失，可以解雇一部分工人（仅剩下 3 个工人）。由于企业根据产品市场需求的状况来改变雇用工人的数量，集群内各企业仍将获得很高的利润。

另外，通过计算企业在封闭地区和企业集群内的期望利润，也同样可以证明集群内的企业利润较高。劳动力需求曲线描述了劳动者的边际收益，它是边际工人生产的产品价值。企业从雇用的工人那里获得的利润等于工人的边际收益减去工资。劳动力需求曲线与水平的工资曲线之间的距离，代表该企业从所有雇用的工人那里获得的总利润。图 4 - 2 中的（a）图中，三角形 abc 代表需求较高时，封闭地区的孤立企业获得的利润（48 美元）；三角形 ghi 代表需求较低时孤立企业的利润（48 美元）。在（b）图中，产品的市场需求较高时，企业利润可用三角形 adf 表示（147 美元）；产品的市场需求较低时，企业利润可用三角形 gjf 表示（3 美元）。如果这两种情况发生的概率相等，那么，集群内企业的期望利润是 75 美元（147 美元和 3 美元的平均值），而在封闭地区内企业的期望利润为 48 美元。

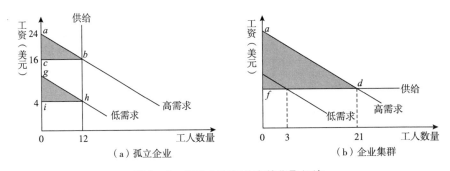

图 4 - 2　劳动力资源共享的集聚经济

二　集群物质资源效率分析

随着某一个产业的厂商（以下简称为厂商 1）集中在一起，它们产生的对中间投入品的需求迅速增加，以至于提供中间品的厂商（以下简称为厂商 2）也得到了迅速发展。如果厂商 2 具有规模经济的特点时，那么，它就能够更廉价地为每一个厂商 1 提供这些中间品，从而为厂商 1 带来外部经济。例如，纽扣是纽扣生产企业的最终产品，但它同时是服装企业的中间投入品。服装企业集聚于纽扣企业附近，是分享中间投入品的经典案例。

生产是一个分工系统，其中的企业需要购入其他企业生产的中间产品，并为另一些企业提供中间产品。设该分工系统一共有 N 种（中间）产品，它们分别由 K 类企业来生产，满足条件 K < N，而且每个企业只生产一种（中间）产品。再假定企业的数目在每一种（中间）产品生产上是均匀分布的，即如果有 N_i 个企业进入区域 i（i = 1，2，满足 $N_1 + N_2 = N$），那么在区域 i 中，每一种（中间）产品有 N_i/K 个同类的相互竞争的企业存在。

不妨假定区域 i 的最终产品的生产成本由两部分构成：一是交易费用，二是直接生产成本。先考察产品的交易费用，它由所有中间产品交易的交易费用之和确定。由前面的假定，在区域 i，一种中间产品的企业数为 N_i/K，每个企业（平均）买进 m 种产品，其产品（平均）卖给 m 个企业，因而进行 2m 次交易。再假定在同一区域里，每种中间产品的交易具有相等的交易费用。无论是对买家，还是卖家而言，集聚都增加了选择交易对象的可能性并降低了交易费用。

$$T = b\left(\frac{a_B}{n_S} + \frac{a_S}{n_B}\right), 满足 \frac{a_B}{n_S} + \frac{a_S}{n_B} \leq S \qquad (8)$$

式中的 b 为交易费用系数，假定满足 $0 \leq b \leq 0.5$。上式暗示，当买者或卖者的数目甚小时，交易费用可以很大，这与实际不合，原因是交易双方的保留收益至多为 0，不可能为负值。利用条件 $R_B \geq 0$ 和 $R_S \geq 0$，可以得出式（8）的交易费用的上界条件 $\alpha B/nS + \alpha S/nB \leq S$。交易费用的上界条件是有实际含义的，一项可能的交易如果其潜在的交易费用过高，那么，这项交易是不会通过市场来进行的。

利用下述交易费用表达式（8），在区域 i 的 N_i 个企业的总的市场交易费用为：

$$C_i^T = N_i \times 2m \times b\left(\frac{a_B}{N_i/K} + \frac{a_S}{mN_i/K}\right) = 2bK(ma_B + a_S) = A, i = 1,2 \qquad (9)$$

再考察直接生产成本。直接生产成本主要由材料、水电、工资等费用构成，一个合理的假定是单位产品的直接生产成本与区域无关，令其为 c^P。

利用式（9），可以得到区域 i 的单位产品的成本为：

$$c_i = c^P + C_i^T/Q_i = c^P + A/Q_i, i = 1,2 \qquad (10)$$

式中 Q_i 为区域 i 的最终产品数量。

我们来分析两个区域各自的市场范围。假定运输成本与距离成正，当位于 y 的消费者到区域 1 和区域 2 购买产品无差异时，y 恰好是两个区域的市场范围的分界点。位于 y 的无差异消费者满足以下条件：

$$c_1 + ty + \pi_1 = c_2 + t(L - y) + \pi_2 \qquad (11)$$

式中 t 为单位产品的运费率；P_i 为区域 i 的单位产品的利润加成；c_i 为区域 i 的单位产品成本，由式（10）定义。

再来分析产品的利润加成。设两个区域的产品的需求分别与 y 和 L − y 成正比，区域的供给由产量 Q_i 来计量。两个区域单位产品的利润加成分别为：

$$\pi_1 = \frac{sy}{Q_1} - c_1 \text{ 和 } \pi_2 = \frac{s(L - y)}{Q_2} - c_2 \qquad (12)$$

式中，s 为居民购买力系数，即线性空间单位长度上的居民购买额。

假定同一区域中各个分工环节的企业平均分割最终产品的利润加成，那么，达到资本流动平衡的条件是 $\pi_1 = \pi_2$。设 x 比例的企业进入区域 1，1 − x 比例的企业进入区域 2，那么两个区域的企业数量分别为 $N_1 = xN$ 和 $N_2 = (1 - x) N$。再假定区域的最终产品的产量与进入的企业数量成比例，即 $Q_i = gN_i$，g 为比例系数。利用式（10）和式（12），资本流动平衡条件 $\pi_1 = \pi_2$ 可以写为：

$$\frac{sy}{x} - \frac{A}{x} = \frac{s(L - y)}{1 - x} - \frac{A}{1 - x} \qquad (13)$$

当条件 $\pi_1 = \pi_2$ 满足时，利用单位产品成本表达式（10），消费者无差异条件（11）可以写为：

$$\frac{A}{gxN} + ty = \frac{A}{g(1 - x)N} + t(L - y) \qquad (14)$$

式（13）和式（14）构成资本流动和市场分割的相互作用方程，也是生产者和消费者博弈的反应方程。联立方程（13）和（14），就可以得到生产者和消费者在两区域之间选择的平衡解。

我们可以直接解方程组（13）和（14），以得到生产者和消费者在区域之间选择达到平衡的解，不过这样做对于分析解的稳定性几乎不能提供多少帮助。下面用一种简化的方式来获得问题的解，并以此为基础说明产业集聚的一些基本表现形式。

构造一个两区域之间的利润加成差额函数：$D = \pi_1 - \pi_2$。由式（10）和式（11）以及定义 $Q_1 = gxN$ 和 $Q_2 = g(1-x)N$，得到：

$$y = \frac{L}{2} + \frac{A}{2tgN} \times \frac{2x-1}{x(1-x)} - \frac{D}{2t} \tag{15}$$

再利用式（12），得到：

$$D = \pi_1 - \pi_2 = \frac{sy}{gxN} - \frac{A}{gxN} - \frac{s(L-y)}{g(1-x)N} + \frac{A}{g(1-x)N} \tag{16}$$

将式（15）代入式（16），整理后得到：

$$D = \frac{sA}{gN} \times \frac{2x-1}{2tgN_x(1-x)+s} \times \left[\frac{1}{x(1-x)} + \frac{tgN(2A-sL)}{sA} \right] = B \times f_1(x) \times f_2(x) \tag{17}$$

式中的系数 B 大于 0。资本流动平衡时要求 D = 0，由上式可知 f_1（1/2）= 0，得到资本在两个区域之间对称分布的解；当 x ≠ 1/2 时，且存在 x，满足 0 < x < 1 并使 f_2（x）= 0，得到资本在两个区域之间非对称分布的解。

三 集群技术资源效率分析

早在 1955 年，Alexander Cairncross 就指出，工业化国家的增长是由新技术带来的（新技术体现为资本使用效率的提高，而非简单地使用更多资本）。其余的增长应归功于那些残量，即那些无法衡量的、代表技术变革和经济结构的因素。所以全要素生产率（Total Factor Productivity）是衡量生产要素的质量而非数量，对一国经济增长的贡献。尽管一国可以通过增加资本和劳动使用量来实现增长，但如果新机器能提高单位成本的产出，高技能能增加单位时间的产出，经济就能更快增长。从 GDP 增长率中减去资本存量的增长率以及劳动增长率，就是 TFP。有大量的事实证明，知识溢出（knowledge spillovers）能够引起企业集聚。杜迈斯（Dumais）、埃里森（Ellison）和格莱泽（Glaeser）指出，知识溢出增加了新企业诞生的数量，在知识导向型产业（idea - oriented industries）中，知识溢出效应是决定企业区位的重要因素。罗森塔尔（Rosenthal）和斯特兰奇（Strange）指出，那些最具有创新性的产业往往更倾向于形成产业集群。他们还指出，知识溢出效应具有极强的区域性，只要距离稍微增加，这种效应就会逐渐消失。

在研究中国经济迅速增长的原因时，不能忽视的是高比例的投资率和物化在新增投资中的技术进步，这种新增技术将使原有技术产生无形磨损。Aghion 和 Howitt（1992）[236] 重新系统规范地阐述了 Schumpeter 的创新理论，将增长过程描述为固定数量企业条件下产品连续改进的过程，强调了研发的纵向竞争行为、技术知识溢出效应和创新性毁灭的效应。Solow（2007）[237] 称赞，这是内生增长理论发展中的重要进步，认为它确实说明了进步如何实现。尽管 Aghion 和 Howitt（2007）也比较简明地指出了 TFP 计算方法的不足，但瑕不掩瑜，索洛模型仍然是现代增长理论的核心，绝大多数增长理论的进展，均源于对索洛模型的改进与拓展。要求不但要考虑一般性要素投入，并且要考虑聚集经济效应，以便于分析产业聚集对经济增长的净效应。

研究发现，因为存在着规模经济和范围经济，在一定产业集聚程度的区间内，随着产业集聚程度的提高，集群内企业的平均生产成本逐渐降低，企业呈现出收益递增。而只要存在收益递增，就会刺激企业的集中。这种产业集聚从纵向意味着产业链的延伸，在横向上体现为产业并存。当分工的边际推进到引致的生产费用的边际节约和交易费用的边际增加相等时，分工出现停止。而产业集群将使交易费用和生产费用更低，从而降低生产成本、促进区域经济的增长（具体证明详见本书附录1）。

第五章　流通阶段

如果说上述文化产业价值构成是从生产阶段的静态角度来界定的，即文化产品被生产出来还没有进入流通领域时的价值构成，这显然只是一种潜在的价值，只有通过"市场化"的转化、应用和交换才能变成现实的价值，因此，有必要对文化产业价值构成进行流通阶段的动态分析。

第一节　文化产业的价值增值

经分析，文化产品的价格分为两部分，一部分是基本价格，这一部分价格是由文化产品的价值决定，也就是劳动者在文化生产中消耗掉的生活资料的价值决定的价格；另一部分是文化产品的延伸价格，叫累积价格，是指文化产品在进行二次或多次交换的价格，即在市场交换过程中，其增值性表现出来的价格，这是由第二种社会必要劳动时间决定的文化产品的社会价值。由于第二种社会必要劳动时间的付出，该阶段与静态的文化价值构成相比增加了一个新的成分，即流通劳动价值。

马克思在《资本论》第二卷第六章分析流通费用时，将流通费用分为三类。第一类是纯粹流通费用；第二类是保管费用；第三类是运输费用。将其再次归类，可分为生产性流通费用和纯粹性流通费用。一般认为，纯粹性流通费用并不创造或产生商品新价值，而生产性流通费用可以以包装、储藏等形式追加部分价值到新商品中去。因为文化的流通实质上是其载体的运动（仅针对可移动的文化产品），包括固定载体的地理运动（如从外域通过交通工具运输来的技术设施）及文化载体的更换（如传播方式、形式的改变）两种形式，无论何种形式进行的文化流通都必须耗费人的劳动，从而增大文化的价值、实现文化的价值。

现实经济运行中，文化产业价值链的形成，集合了文化、技术、商业等多项生产要素，围绕着创意所特有的知识产权的形成、发展、授权、升值、转化与再增值，将原创性的文化创意规模化、产业化，使之产生经济效益。具体包括：

（1）市场推广。分为营销推广、传播渠道两个环节。在此过程中，授权商、被授权商、代理商、传媒中介和制作人等通过对知识产权的整体开发应用和整体营销，运用各种营销模式将其使用价值销售让渡给消费者，实现产业化价值的创新。没有销售或发行通路，再好的产品也变不成产业，因此，传播渠道构成文化产业价值链上的重要环节。

（2）消费服务。随着大众休闲时间和可支配收入的不断增加，大众对文化商品的消费提出了更高要求。消费者不仅注重其交换价值和使用价值，更强调文化商品的情感诉求和审美诉求。在此过程中，文化企业充分利用文化消费具有路径依赖和锁定效应这一特征，以消费者的个性化需求为出发点，将不同的行业联系在一起，实现二次文化衍生品的生产和销售，实现文化产业跨行业多元化的价值创新，变消费经济为体验经济。

为此，在流通环节，文化产品被文化产品发行人、代理商及经纪公司进行营销传播和分销。"按照美的规律来建造"是马克思在《1844年经济学哲学手稿》中提出的一个重要理论命题。现代文化产品生产更加注重其形状、色彩、材料、包装等形式因素，力求以美观大方的产品来满足人们的审美需要；销售和服务领域也同样把美的规律贯穿其中。

比如，国外的图书出版业在对作品进行推广发行时，一般的做法是把作品、作家、读者、市场等各种因素进行综合考察。因为只有多重价值重合的书，才有可能在短时间内成为畅销书，从而实现图书产业链上的各种价值的转换和增值。

首先，从文学作品的艺术价值看，《哈里·波特》具有无可否认的审美价值，这是《哈里·波特》系列图书畅销的基础和前提。其次，在市场经济条件下，好书也需要营销，这是《哈里·波特》的成功秘诀之一。

《哈里·波特》在出版发行和市场推广方面，采用多种营销手段综合交叉运用。它把生产、营销、服务、广告等环节联系起来综合考察，确定了链条式的营销模式，即把产业链上各个环节看成一个系统结构。首先进行产品定位，然后确定产品的目标市场和价格，最后确定销售渠道和促销方案。在渠道促销上则设有专柜和促销赠品，在广告促销上则利用电视、报纸、网络等现代大众媒体进行大量的产品推介和广告宣传。《哈里·波特》的营销成功不是单一图书市场策略的成功，而是产业链的各环节综合运用和协作的结果，它是产业链所创造的童话。

图书出版是文化产业链条中的一个环节。孤立地看，它只是一个点，放眼望去，与其他的无数个点相互关联、互动、整合，形成完整的产业链条，而每一次向外的延伸在现时都意味着市场机会。我们知道，儿童图书既可改编成电影，也可做成电视卡通片，同时还可以向玩具、唱片、CD、服装、T恤衫、电脑游戏等领域延伸。在《哈里·波特》的个案研究中，我们可以清晰地看到图书产业链的存在：从精装和简装的小说到盒带，再到电影电视，然后延伸到玩具、服饰、游戏等。正是这条看不见的产业链创造了"哈里·波特"式的市场神话。

第二节　文化产业的价值增值模型

观察得出，流通阶段从某种意义讲延续了价值创造。进一步思考，一国或地区文化的总价值如何估计呢？

根据逻辑曲线模型，令 Y 为一定时期（以时间 t 为参变量）的文化产品价值量，W 为文化产品生产价值量，R 为文化产品应用价值量，P 为价格因素。则有

$Y = (W + R)P$

其中，$R = (a/A) S^2 (h_2 - h_1)$

且，$A = e^{kt} + C$

a 为实际被人们掌握应用的知识量，S 为掌握和应用知识的人数，$(h_2 - h_1)$ 为掌握、应用知识的人在掌握应用知识前后的劳动产出之比或

知识转化为现实生产力的程度，k 为科技发展附加条件所决定的常量，C 为逻辑曲线由上升转为折状的拐点。

由于在信息经济时代 Y 与（dY/dt）恒定，意味着随时间演进，文化的增进将带动社会整体经济增长，这与新经济地理学派所做"规模报酬递增"的假设相吻合。

以产业链中真正创造利润的图书为例。民众普遍认为，2012 年莫言获得的更像是诺贝尔经济学奖，在中国引起的经济轰动远远超出了文学或文化领域。莫言获得诺贝尔文学奖的消息一经发布，国内图书市场便开始对其相关著作进行疯狂抢购。几天时间，各大书店就被买断货；17K 等小说网上，莫言单本作品的日阅读量最高达到百万次；莫言 10 年前的手稿飙升至 120 万元，签名书在网上加价售卖，例如《透明的红萝卜》要价已达 10 万元。疯狂消费的背后，是中国文化产业发展自上而下的巨大冲动……假设图书的生产有一个较长的产业链：种植园主为造纸厂提供原料，造纸厂将纸张卖给出版社，出版社将文字排版后卖给印刷厂，印刷厂将装订后的图书卖给图书城，图书城归类上架最后卖给读者，假设运输厂同时为种植园、造纸厂、出版社、印刷厂、图书城提供运输服务。

对于任何生产企业，对其生产结果都可用一个剩余价值生产公式来概括：$W = C + V + M$，这也相当于一个成本公式，W 为售价，$C + V$ 是商品的成本，M 则是剩余价值，也相当于利润。不变资本 C 可分成两部分，一部分是固定资产如厂房、机器设备的折旧，这也被称为固定不变资本（C_a），一部分是流动不变资本（C_b），即从上游工厂或企业购进的商品或服务。这个剩余价值公式可变为：$W = C_a + C_b + V + M$。因此，图书的产业链如图 5 – 1 所示：

图书产业链各工厂、企业间存在着非常复杂的流动不变资本之间的传递，但仍很容易证明一个等式：W图书 $= C_a + V + M$，即图书的价格等于产业链上所有生产企业的固定不变资本 C_a 与可变资本 V 及剩余价值 M 的总和。证明过程如下：

∵

$$W \text{运输} = W \text{运输（图书）} + W \text{运输（印刷厂）} + W \text{运输（出版社）} +$$

$$W \text{ 运输（造纸厂）} + W \text{ 运输（种植园）}$$

$$\therefore$$

$$W \text{ 图书} = C_{6a} + C_{6b} + V_6 + M_6$$

$$= C_{6a} + V_6 + M_6 + W \text{ 运输（图书）} + W \text{ 印刷厂}$$

$$= C_{6a} + V_6 + M_6 + C_{5a} + V_5 + M_5 + C_{4a} + V_4 + M_4 + C_{3a} +$$

$$V_3 + M_3 + C_{2a} + V_2 + M_2 + C_{1a} + V_1 + M_1$$

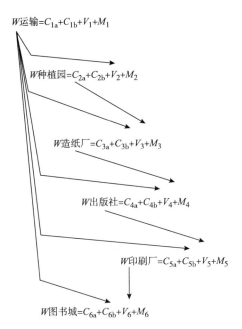

图 5-1　图书产业链扩展的流动不变资本价值传导图

　　当然，现代文化产业分工更细，需要众多的原辅料、半成品，还需要广告、法律等中介机构为之服务。但无论这个产业链有多复杂，任何一件文化产品的生产都可以按图 5-1 进行分解，仍可以得到上面的结论，即该文化产品的价值等于产业链上所有生产企业固定不变资本与可变资本及剩余价值的总和。

　　如果图书城将图书卖给读者的价格是 100 元，则"图书的购买者支付的 100 元，也就是支付图书中包含的一切生产资料的价值和种植者、造纸业主、出版社主、印刷厂、图书城以及运输业主的工资以及剩余价值。这是完全正确的"。图 5-1 完全支持了马克思的上述分析。

在社会生产中，各生产企业在生产环节中的地位不一样，必须进行明确的区分。马克思假定，全社会存在着两大部类的生产，即生产资料生产部门与消费资料生产部门。由于第一部类的产出不能直接供全社会日常消费，因此，第一部类需要与第二部类进行交换，即第二部类的不变资本消耗需要由第一部类补充；同时，第二部类的产出不能用作社会再生产，所以需要与第一部类交换以从中获得生产资料。为论述方便及降低采用数据的随意性，本书将采用图形演绎两部类之间的关系（见图 5 - 2）。

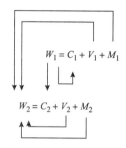

$$W_1 = C_1 + V_1 + M_1$$

$$W_2 = C_2 + V_2 + M_2$$

图 5 - 2　简单再生产条件下的两部类模型

生产是循环往复的，两部类模型中包含有生产周期的概念，在一定时间段内完成一个简单再生产的过程。图 5 - 2 中，因为是简单再生产，在一个生产周期内，W_1 除一部分补偿自身不变资本的损耗 C_1 外，其余部分用来补偿第二大部类的 C_1，即有等式 $W_1 = C_1 + C_2$，两大部类的不变资本均获补充，这也成为简单再生产的前提条件。图 5 - 2 中有一个很重要的等式：$W_2 = V_1 + M_1 + V_2 + M_2$，即工人和资本家的工资和剩余价值将所有消费资料消费掉了。如果按马克思方法对不变资本划分，即将"不变资本" C 划分为包括机器、工具、建筑物、役畜等"固定资本"及原材料、辅助材料、半成品等"流动不变资本"。在成本核算中，固定资产与低值易耗品等在会计的处理上完全不同。固定资本往往是通过折旧的方式计入成本，而流动不变资本则是一次性计入成本。因此，对不变资本再进行细分很有必要。将第一大部类分解为两部分，其中一些生产企业负责固定资本，另一些企业负责生产流动不变资本，不变资本 C 也细分成 C_a 和 C_b，这样可得图 5 - 3：

由于是简单再生产假设，存在以下等式：

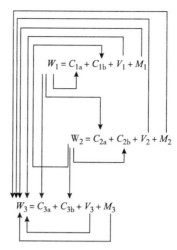

图 5 - 3 简单再生产条件下的两部类价值实现模型

（1）$W_1 = C_{1a} + C_{2a} + C_{3a}$，$W_2 = C_{1b} + C_{2b} + C_{3b}$，即负责不变资本生产的企业的所有商品都销售出去了，同时各企业固定不变资本的损耗均得以补偿；

（2）$V_1 + M_1 + V_2 + M_{2b} = C_{3a} + C_{3b}$，负责不变资本生产的部类和消费资料的部类需要进行商品交换；

（3）$V_1 + M_1 + V_2 + M_2 + V_3 + M_3 = W_3$，两大部类所有企业工人的工资及资本家获得的剩余价值共同消费了所生产的生产资料 W_3。

在现实生产中，企业固定资产并不是每年都进行补偿，可能隔几年才补偿一次。因此，图 5 - 3 存在着全社会固定资产总量平衡的假设。即所有生产企业当年损耗的固定不变资本最终均得以补偿，或者未进行补偿的企业，其折旧费用通过存款后借款等形式，由其他企业进行补偿，从而维持全社会固定资产的总量平衡。如果用图 5 - 3 来分析图书的生产，整个产业链将更直观，即 W_3 为图书出版中心，W_2 为运输企业、种植园、造纸厂、印刷厂，W_1 为为所有生产企业进行厂房维修、机器生产的企业。结合图 5 - 2 和图 5 - 3，容易看出，100 元的图书价值最后可以分解该产业链中所有生产企业可变资本 V 和剩余价值 M 的总和。V 即工人的劳动报酬，M 是剩余价值，最后又分解为地租、利润及税收等。

第六章　分配阶段

第一节　文化产业利润平均的研究视角

按照《资本论》，"整个资本主义生产过程，均由产品价格调节，而起调节作用的生产价格，又是由利润率的平均化和与之相适应的资本在不同社会生产部门之间的分配来调节的"。文化产业价值创造的"资本化"过程，就是参与其生产的各个要素主体利益共享而且均分的过程。

在价值的构成上，亚当·斯密在《国富论》中有一段经典的论述，在任何一个社会内，任何一种商品的价格最终都将分解为三部分，即工资、利润、地租或者其中某一部分。"工资、利润和地租是所有收入和所有交换价值的最初来源，所有其他收入最后都是得自这三种来源中的某一种。"李嘉图、萨伊、麦克库洛赫、西斯蒙第、约翰·斯图亚特、穆勒等完全继承了斯密的观点。因为该观点影响深远，逐步成为"政治经济学的正统信条"，因此，也被马克思称为"斯密教条"。并且，斯密教条"可还原为：商品价值 $= V + M$，即等于预付可变资本的价值加剩余价值"。本书认为文化产业的利润分配作为资本分配形式，除获得一般劳动力补偿（V），所有要素投入者包括资本提供者（金融机构）、土地所有者（政府）、企业家精神（企业）等均获相应补偿。下面用"租"的概念具体进行解析。

一　地理租

"景观"（Landschaft）的原意是"地方的风景"。景观学派从 20 世纪开始已逐渐融入西方国家地理学派。通过对"景观"原意的追溯，认为景观含义同于汉语中的风景、景色，等同于英语中的"scenery"，是视觉美学意义上的概念（俞孔坚，1987[238]）；同时，"景观"还是生态学、地学的概念。从生态学角度上，更加注重其功能性[239]。正如汤姆·特纳所言，"景观指留下了人类文明足迹的某地区"[240]，在地学上"景观"主要从历史演化和空间结构进行研究；可见，"景观"既具有自然属性又具有文化属性，"我们认为景观就是寄托了人类生存理想的空间以及该土地上要素的集合，可以说人类与景观的交融贯穿了人类文化成就的始终"。景观的文化属性，使人们将"知识、信仰、艺术、道德、法律、习俗以及作为一个社会成员的人所习得的其他一切能力和习惯"附着在大地之上的"创造物"，即文化景观（Cultural Landscape）。

"文化禀赋"是速水佑次郎和拉坦（2000）[241]的诱导创新模型中的一个引申变量。他们认为，文化禀赋涵盖了所有历史遗存，即被政治家们隐藏于意识形态中及被经济学家们冠之以"偏好"下的因素。速水佑次郎（2003）[242]又指出，"从广义上讲，制度以及技术也是文化的一部分。然而，狭义地讲，文化是指社会中人们的价值体系"。他还认为，伦理观念（如宗教戒律、道德准则）是文化的一部分。

产业集聚是在完善的市场中利益主体依据价格信号以及自身具有比较优势的能力，权衡利益，通过竞争与合作在追求利益最大化的驱动下形成的。要素所有者的产业与区位选择构成集群形成的历史起点也是其逻辑起点。对利润最大化的永无止境的追求，是要素所有者作为"经济人"的共性。而作为关键的区位选择，受到决策者主观意愿及客观环境等的影响和制约，空间就是其中一个重要因素。由于受对利益追逐的本能驱使，经济主体（无论单个企业抑或经济组织）彼此在内部或之间协同产生收益来源，称之为"租"，构成文化产业价值链的内核。租金的概念最早特指那些具有特质性的自然资源（如土地）所带来的收益（如地租）。

在资源配置理论中，地租广义上可以泛指经济主体使用任何生产要素所得的超出平均利润的超额利润。"租"的最初概念由此产生。在威廉·

配第"土地是财富之父，劳动是财富之母"的表述中，强调了生产要素的重要性以及它可能带来的潜在收益。大卫·李嘉图将劳动时间决定价值量的原理运用于地租理论，创立了差额地租学说[243]。在他看来，土地经营者租种大土地所有者的土地，将会把其中超额利润以"租"的形式向其缴纳，而劣等地先天的贫瘠虽然导致超额利润无法获得，但由于土地的有限性与人口呈几何级数的增长，客观上要求劣等地也投入到农业生产中，由此看来，农产品的价格是由耕种劣等地的生产条件（即最大的劳动耗费量）决定的，优中等地的产品在价格上具有优势，从而能获取级差地租这种超额利润；劣等地虽无超额利润却也不用缴纳级差地租，只需缴纳绝对地租即可。实际上，李嘉图把地租看成是对农产品需求的增长需不断耕种愈来愈劣的土地的结果，亦即优中等土地的个别生产价格与劣等土地生产价格所决定的一般生产价格之间的差额。由此可见，任何稀缺性资源供给程度的差异都可能带来超额利润即租金。在后来的研究中，把这种源于生产要素自身固有的供应紧张产生稀缺，从而产生的经济租金称为"李嘉图租"[244]。

马克思把地租区分为绝对地租、级差地租两种，并将级差地租分为级差地租Ⅰ和级差地租Ⅱ，前者是不同地块由于土地位置差异、先天肥沃程度产生的，后者则是由于后天在一块土地上连续追加投资产生的①。由于土地位置距城市中心的远近、交通是否便利及配套设施是否齐全，产业发展也存在级差地租Ⅰ；甚至不同城市之间也存在级差地租，其重要决定因素是交通地理位置以及所在地区的经济发展水平等。目前，国内各城市土地出让金的巨大差距是由区位条件等决定的，实质就是级差地租Ⅰ。

当然，由于先天地理优势、资源禀赋及文化氛围的比较优势，区域经济发展衍生出资源学说理论。该理论作为企业战略联盟的三大基础理论之一，分为资源基础论和资源依赖论。兴起于20世纪80年代，以维纳菲尔特、格兰特和巴尼等人为代表的资源基础论认为，只有通过联盟

---

① 马克思：《资本论》（第3卷），中央编译局译，人民出版社，2003，第881~917页。

合作，才能较为有效获取对方某种关键性资源，并扩大企业运筹外部资源的边界。资源依赖论不同于资源基础论，资源基础论虽然认识到重要的内部资源无疑可以从外部获得，但其更强调资源的内部来源；然而所以资源依赖论强调的是，资源必须从组织生存和发展依赖的外部环境获得。资源依赖论其主要考虑的是，在面临外部竞争环境与资源交易不确定时，组织倾向与外部环境中的重要生产要素进行结合，从而在组织间产生相互依赖关系。

所以，若是从地理的视角分析集群，将会发现在集群所生存的某种特定地理空间中，往往存在着特有的要素禀赋、社会资本等优势，这些优势只有在某种特定的空间中才可以得到，离开特定地理区位，就失去了这些特有资源的使用权、控制权。这些特定生产条件也可给集群内的生产要素带来租金，在本书中将这种只要是接近特定空间就能获取的生产要素租金，称为"地理租"。

二　组织租

Yu. V. Yakovets 认为，在自然经济和自然管理领域，应用更加有效率（与当时普遍的效率水平相比较）的设备、技术和生产组织模式等产生的超额利润，就产生类似于更加有效率地利用自然资源而产生的级差地租Ⅱ[245]。在此建立了政府投入"租"与经济产出之间的联系，并且涉及了经济租金的因素，即为保证获取超过土地生物承载力的产出而进行的经济活动的投入增加，最终会影响边际土地的产出价格。随着经济学家对"租"认识的加深，这个概念无论内涵还是外延都已经得到进一步丰富，泛指各种生产要素的租金，经济学家把使用资源获得的超过竞争性收入的部分都称为"租"（厉以宁，2000）。

Colbert（2004）与斯蒂格利茨（1990）承认，资源与资源之间的关系很重要，资源存在互补性，而由互补资源组合形成的系统表现出一些特质性，最具"不完全可转移"特性的资源是"组织资源"，也是持久租金的来源以及竞争优势的基础。因此，能产生"租"的不仅仅是单个资源，一些特定资源组合也会产生"租"，而"组织"就是这样的资源组合，它具有可以产生租金的特质性能力。作为一种特有的资源组合方式与特定的生产组织形式，产业集群也同样存在"组织租金"。即当人们在一项生产活动中进行合作时，他们通常产出一项联合剩余，即他们如果参与该联合活动，就能获得一定数量的净收益从而改善每个人的处境。在这种情况下，参与者获得整个群体联合剩余，也称为"组织租"的一定份额（Aoki，1984）。

在企业内部生产要素的结合过程中，除了技术条件之外，各利益相关主体之间的沟通协调也是生产要素结合的重要内容。互利合作、各负其责的行为方式，可以在生产要素的结合中促进信任的形成与扩散。信任在价值创造活动中所发挥的重要作用，以及在促进社会繁荣进步中的作用，已经被理论界所公认（福山，2001），因此，如何促进信任的形成和扩散成了一个对价值创造具有重要意义的问题。从信任的产生基础来看，有学者提出诸如亲缘、血缘等关系是信任的基础，称为亲缘信任（涂尔干，2000；赵立新，2005；徐志刚等，2011），然而在从传统熟人社会向现代公民社会演进的过程中，亲缘血缘所能覆盖的范围已经无法满足经济活动日益发展的需要，由于维持一个网络需要时间与其他稀缺资源，所以更大的网络可能只有更弱的联系[246]。暗示了企业家维持整个网络的资源能力有限，这也启示了相关的公共政策含义，即政府对企业网络构建与扩张的政策推动，可能提供了最一致与最有效的支持，是企业集群成立的孵化器[247]。

当基于更为广泛的基础去寻找信任的来源，Zucker（1986）归纳出信任产生的三种模式，指出信任可以分为来源于过程的信任、来源于特征的信任和来源于制度的信任，在 Zucker 的框架中，亲缘血缘信任实际可以归纳到第二种"来源于特征的信任"除了这一类信任来源之外，在现代社会中，政府驱动下"来源于过程的信任"和"来源于制度的信任"应当成为信任的主要来源。

所以，"嵌入型"产业集群模式特指以政府政策为依托，以不同企业在一定地理区域的集合为前提，靠政策支持和产业关联建立起来的企业集聚有机体。进一步分析，政府对文化产业投资作为机构存在而节省的交易费用，可以看作是自身的"收益"，产业投资存在本身也会带来"成本"支出，"收益"抵消"成本"即文化产业发展将交易费用内在化的过程。其中，节省的交易费用表现为降低了信息搜集和加工的信息费用；降低了谈判和签订合同的成本，合约的交易成本以及合约执行过程中的监督和控制成本等；限制受资企业的管理者利用信息不对称而可能发生的逆向选择（G. Akerlof，1970[248]；C. Wilson，1980[249]；J. Stights，1990[250]）和道德风险（张维迎，1996[251]）带来的成本。

当然，为了减少投融资双方的交易费用及添加规模的制度变迁，可能会增加交易费用（Tirole，1991），但只要当减少的交易费用及其规模大于增加的交易费用及其规模时，该制度变迁就被认为有效（Meyer & Vickers，1994[252]）。

三 产业租

行为心理学的理论表明，集聚经济体中的合作参与者对其他合作方的信任度、对未来合作预期评估，往往决定了其合作行为的持续性。因此，企业自身经营状况在加入集群之后的显著或逐步改善，有助于该企业增强合作信心。另外，社会资本理论说明，集聚经济体比如企业通过合作"嵌入"在某一特定社会网络中，在获取社会资本的同时影响网络结构演化，从而改变企业未来发展的外生网络环境。由此，我们从企业层面的经营优化绩效和宏观层面的网络优化绩效两方面进行产业租金的分析。经营优化绩效是由合作带来的短期效应；相互渗透的集聚经济主体合作"嵌入"在相对稳定的状态中，但随着合作预期绩效的激励、合作模式的创新，导致节点增减、网络集聚程度变化，网络结构特征成为网络节点合作演变、合作经验积累的独特轨迹，因此，网络优化绩效是由合作带来的长期效应。正如 Axelrod 和 Keohane[253] 以及 Oye[254] 所提到的"the shadow of future"，过去的投入行为影响人们对未来发展的预判，而未来预判的结果又像投影一样反过来决定现在的行为。因此，合作中各方的投入程度与沟通协调水平为合作的顺利发展奠定了基础。

在"竞合赢得市场"的现代市场经济时代，经济环境的快速变化是促进各方寻求合作的最直接外部动力,企业希望通过与具有丰富市场拓展能力的机构合作来弥补自身资源的不足,从而缩短其高新技术产业化进程。生产要素在集群内部所获得的地理租金与组织租金之和,在本书中被称为狭义的产业集群租金。企业间共生集聚能够产生"共生放大"效应,主要源于技术创新与扩散、知识溢出、合作效率(Jorg & Meyer,1998),企业孵化增长(Swann,1996)和整合能力(蔡宁,2007)等,有利于"新资源"的形成,产生"合作剩余"(Gulati,1999)。这种剩余可以理解为一种"租"。而且,鉴于所属产业集群的特殊性,从事不同行业或是从事同一行业中某些不同的价值链环节,获得的行业平均利润率有所差别,导致在不同集群中单位生产要素所获得的租金数量可能会不同,本书中这种"租"被称为"产业租"(见表6-1)。

表6-1 "租"的概念解析

地理租	组织租	产业租
资源(自然资源、社会资源)	政 府	企 业
环境(生态环境、市场环境、社会环境、基础设施)		产 业

文化产业集群强调有效率的产业空间组织形式,其动态形成过程即文化产业集聚,既包括企业地理临近的动力机制,也包括企业空间集中后形成的产业组织形式,即产业集群的效率表现与动态演化,而发展中国家比如中国天然的"市场缺陷",又呼唤着政府职能的"嵌入",以加快集聚的协同创新步伐。因此,本书认为,产业集聚这一概念更能体现产业空间组织结构与效率的动态演进,所以,在分析研究产业空间集聚的动力机制及形成过程时,主要采用产业集聚这一概念来表述。产业集群高效率运作和持续发展的关键动因,就在于它能够产生并释放出由聚集效应、联动效应和制度效应共同构成的"集体效率"(Collective Efficiency)。此种"集体效率"表现为经济主体的利益获取及共享,但是,集体效率框架忽视了外部关联对外部挑战的回应策略可能并非一般的地方企业的联合行动就能解决,所以,这就引发了更广泛意义上的产业发展地方治理问题(Nadvi,

1999[255]）。因此，集体效率只在某些特定条件下才会出现，当且仅当满足了这些条件，集群才能真正形成并发挥作用。特别的，由于我国中部地区经常面临资本稀缺和市场失灵所导致的发展困境，文化产业园区就成为我国政府主导的一种非均衡区域经济增长载体。根据中部地区文化产业集聚特征，进一步假设如下。

假设1：文化企业"聚合"是由于追求组织租而非传统意义上的区域集聚效应。

组织租是所有生产体系所普遍具有的特征，当然也是现代竞争性经济的特征。在竞争性的产品和劳动力市场中运行的企业，会产生大量租金，其中一部分以薪水和工作环境的形式分配给了雇员，使其收益优于其次优替代选择。原因是效用最大化的个人无法签订可以无成本实施的完备契约，即私人的竞争性互动中产生租金的原因是最优制度的稀缺。由于区域效应，很可能发生集群；但当外部影响日益增大时，集聚也可以在缺乏区域效应的地区发生。不同于由区域本身的特性所决定的以资源条件为特定产业的生产经营优势所形成的区域效应，聚集效应是由后天多种因素所决定的。比如，由于共享公共资源、专业化分工协作以及基于信任文化引起的知识溢出导致的成本下降；充足的劳动力市场；企业间技术合作的增加营造的创新环境。文化产业由于所开发产品的特殊性因而外部性较强，该产业也较易造成市场失灵。政府干预性措施（组织租）往往成为开发区企业是否愿意进驻、"扎堆"的强信号。由此推断，文化企业的联系不受区域分布特征（地理位置集中与否）的影响就成为一个可能的结论。在该假设下，决定企业进驻开发区的变量空间增加了，突破了以往市场经济自发演化的区域集聚效应而由于足够大的组织租导致企业的空间集中。

假设2：由于文化产业集群"知识外溢"的存在，产业租使外生式文化产业集群由"萌芽期"过渡到"形成期"。

产业租是群内成员间交往水平明显高于该成员和群外成员间的交往水平，因而演化过程就可被分解为组群间和组群内两种选择效应。某特征得到成功复制的程度依赖于组群的组成成分，并且当组群间在组成成分方面的差异长时间持续时，组群选择将为演化变迁的路径和方向作出贡献。当某些有利组群的特点，比如，受到组群内个体选择惩罚的利他主义，因组群间效应而得以稳固和强化时，就会出现经典的组群选择问题。因此，组群选择是一种摆脱利他主义演化困境的方法。

假设3：由于文化产业企业间持续创新氛围的影响，通过产业链的对接、延伸的实现使地理租不断增强。

地理租将度量地方生态所允许的规模收益递增的程度，即群内成员合作的潜在支付，该类型的规模收益递增能够通过各种合作方式达成。在现代市场经济的生产运营条件下，生计要依靠大规模合作的组群，就必然会发展出各种分享联合剩余的方法；在此过程中人们经历的市场交换越频繁，他们从彼此共享联合剩余中获得的收益越多，即通过市场的整合形成实际有效的正向激励。

总之，"嵌入型"意味着并非开发区的先天禀赋和市场自发演化导致企业以自发聚集的方式形成的"原发型"的产业集群，而是政府的政策机制促成了企业向开发区集聚，即借助政府产业投资的引导来建立文化产业的内生机制、产业集聚效应逐步体现，由于企业产出及品牌竞争力的提升，最终可能演化成一个产业集群。以中部地区西安曲江文化产业区为例，该集群的建立是首先通过以区域历史文化为背景，实施景观地产开发积累"人气"，逐渐形成满足相关文化产业企业共生的区域集聚化条件，然后推动文化产业集群的形成与进一步发展。下面笔者将运用西安曲江文化产业开发区企业的调研数据，通过计量回归和样本分析对其逻辑上的一致性进行实证分析，以验证以上基本假说（见第8章）。

第二节　文化产业利润平均的概念模型

2001年12月，国务院办公厅转发原国家计委《关于"十五"期间加快发展服务业若干政策措施的意见》，将文化旅游、教育培训等新兴服务业作为"十五"期间的发展重点，进一步开放对非公有资本投资准入门槛。2003年，国家开始进行文化体制改革试点，改革试点地区的文化单位在市场经济条件下逐步按照文化产业发展的需要，积极探索新的文化产业投资新机制，非公有资本迅速进入文化产业领域，初步形成了多种所有制并存的文化产业投资格局。借助经典的四象限模型（Dipasquale & Wheaton，1996）解释由"生态景观"营造启动的文化产业市场运行原理。景观地产可以分为资产市场和物业市场（或称使用市场），依据市场的关键因素将市场划分为四个象限：

◆ 第Ⅰ象限：为物业市场，表示"租"和景观地产存量之间的关系，存量越大，则"租"越低；

◆ 第Ⅱ象限：为资产市场，表示"租"和地产价格之间存在着"水涨船高"的正方向变化关系；

◆ 第Ⅲ象限：为资产市场，表示地产价格是新开发建设量的增函数，地产价格越高，则越能刺激新建开发量；

◆ 第Ⅳ象限：为物业市场，表示新开发建设量和景观地产存量之间的关系，显然新开发建设量的增加会导致存量的增加。

该模型用以解释景观地产市场的一系列变化，存在"市场需求增加→'租'相应上升→地产价格上升→新开发建设量增加→景观地产存量增加"的整体变动趋势（见图6-1）。

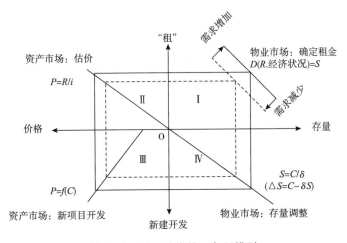

图6-1　景观地产的四象限模型

资料来源：沈悦：《房地产价格与宏观经济的关系研究》，中国水利水电出版社，2006，第75页。

对应曲江实际建设开发进程,我们可以发现有以下3个阶段(见表6-2)。

表6-2 曲江文化产业区发展历程

阶 段	阶段1
特征	"盛唐文化"旅游资源撬动区域价值
时间	2003~2005年
启动项目	大唐芙蓉园、大雁塔北广场、曲江海洋公园、唐华宾馆等
依托产业	文化旅游
融资策略	改造大雁塔北广场,建亚洲最大的音乐喷泉,并在广场两侧规划2万多平方米的仿唐商业铺面
房地产发展情况	曲江房地产价格随着大雁塔北广场、大唐芙蓉园两个景区的建设,土地价格产生了较大增幅,从2002年每亩30多万元跃升到2005年的150多万元。土地价格的攀升直接刺激了区内房地产价格,尤其是住宅类,连续两年的价格增幅超出了西安市平均水平,其中代表性楼盘湖滨花园,别墅均价约为3800~5000元/平方米,同一时期西安市住宅类房屋均价约为2800元/平方米
阶 段	阶段2
特征	旅游产业、文化产业齐头并进,推动区域扩张
时间	2006~2009年
启动项目	曲江国际会展中心、大明宫遗址保护项目等
依托产业	文化旅游、会展、影视
融资策略	曲江新区土地开发融资:地产企业投资参与遗址公园建设项目,遗址公园建成后周边土地和城市资产价值大幅升值,地产企业按成本价获得一定区域的土地开发权,并通过这种方式获利 协助区内文化产业企业融资:2008年5月23日,由西安曲江新区管委会独资组建、注册资本2亿元的西安曲江文化产业投资担保有限公司成立,该担保公司与政策性银行、商业银行及同类机构协作,和多家金融机构签订《贷款担保协议》,取得授信额度近30亿元。成立不到一年,该公司先后为七家企业的5300万元贷款提供了担保,并为曲江新区内的几家公司提供流动资金贷款和履约担保,业务收入达60余万元,利润达10余万元
房地产发展情况	通过对曲江新区建成和正在建设的250个项目(截至2012年12月)的数据分析,住宅类房地产仍为曲江新区房地产开发的主要类型,旅游房地产的四大类中:旅游景点房地产项目9个,占所调查项目的18%;旅游商务房地产项目4个,占8%;旅游度假房地产项目(酒店)6个,占12%;旅游住宅房地产项目31个,占62%

续表

阶 段	阶段 3
特征	"曲江模式"输出，进行飞地运作
时间	2009 年至今
启动项目	曲江国际会展中心、大明宫遗址保护项目
依托产业	文化旅游、会展、影视
融资策略	2003 年，只用了 500 万元的投入，换来了 5 个亿的城市建设项目，曲江新区的地价节节飙升
房地产发展情况	在地理空间上，新区突破了地域范围的限制。2009 年，曲江新区通过扩区规划，新区面积扩至 40.97 平方公里，解决了空间不足的制约。与此同时，先后接手新区之外法门寺文化景区等项目的建设工作。在产业发展上，曲江新区进一步拓宽了文化创意产业链，涵盖会展、影视、演艺、动漫、出版、传媒、网络、美术、创意设计和广告等 20 多个门类，文化产业区域聚集和集团化发展齐头并进，构筑起庞大的产业矩阵。从远期来看，曲江新区的发展思路将逐步从区域开发调整为模式输出的发展思路

资料来源：根据国际咨询集团等曲江相关资料整理。

据此，绘制曲江产业发展轨迹，如图 6－2 所示。

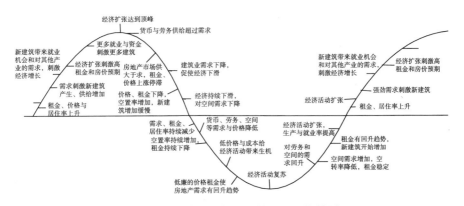

图 6－2 生态景观循环下的集群周期模型

如图 6－2 所示，产业发展经过或即将经过"萌芽—成长—成熟—衰退"的演化路径。Tichy（1998）、波特（1998）分别从时间维度考察企业集群的演进，将之划分为诞生、成长、成熟、衰退四个阶段或萌芽、演进、衰退三个阶段。究其原因，取决于集聚动力与离散力的综合作用。集聚动力来自技术创新与扩散、非正规学习、合作竞争、知识共享和溢出、外部经济、协同效率（Jorg & Meyer，1998），企业孵化增长（Swann，1996），资源禀赋及其整合能力（蔡宁，2007），助推集群持续成长；离散力主要源于企业空间聚集后由于技术中断、需求变化和集群内在的僵化产生的"拥挤成本"和集群"锁定效应"，使集群逐渐丧失低成本优势和动态适应力。在产业集群持续成长阶段，集聚动力强于离散力；在产业集群面临锁定，发生转移和衰退时，集聚动力弱于离散力。可以看出，集聚内生动力对集群成长产生的推动力在集群离散力增大时反而减小。在产业集聚初期的关键阶段，我们需要寻找并认识到这种动力的存在。

在"钻石模型"基础上（Porter，1990[256]），Brenner 认为，集群存在7 种动力[257]，隋广军则概括了影响集群发展的 7 种因素[258]。在整合现有文献研究成果的基础上，为寻找影响产业集聚能力的更加一般化的动因，本书从动态经济系统的视角加以分析。借鉴帕特卯和吉博森（Padmore & Gibson，1998[259]）提出的区域创新系统构成理论，如果将产业集群看作是一种动态经济系统，那么，其内部元素就可分为环境、企业和结构要素三大类[260]。依照系统科学建模思想，我们在思考如何建立政府协聚集的产业集群模型这一问题上，首先对产业集群的演化规律做了详细的调查分析，结合 Fujita，Thomas 和 Porter 等人的观点，又考虑到与下文 Logistic 协聚集模型的结合，将产业集群的驱动力分为内部动力、外部动力和环境动力三个大方面。结合"三重螺旋"模型（Triple Helix Mode1）[261]，我们将其应用到产业集聚能力的研究中，构建产业集聚能力演化的"三重螺旋"模型。基础要素指资源禀赋为载体的基础设施建设和辅助网络环境构筑体系，即地理租金。企业要素由与产业链有关的企业聚合构成，主要通过纵向产业链、横向行业链发生联系，即产业租金。市场要素由处在集群结构内部而产生的资源带来整合协同效应，即组织租金。在此，我们建立由基础要素（G）、企业要素（E）及市场要素（M）3 个变量组成的产业集聚能力识别方程：

$$C(Tn) = \beta_1 G + \beta_2 E + \beta_3 M + \varepsilon$$

其中，$C(Tn)$ 代表文化产业发展不同阶段产业集聚能力，$Tn \in (T_1,$

T_2，T_3）分别代表萌芽期、成长期、成熟期。β 为各要素对产业集聚能力的影响因子，它表明自变量对产业集聚能力作出的贡献，$0 < |\beta_n| < 1$。ε 为随机扰动项，代表了其他被忽略的变量。可以看到，当 $N_n = N_1$ 时，$\text{Max}_n = 1$；$N_n = N_2$ 时，$\text{Max}_n = 2$，依此类推，反映出生命周期各阶段的特定要素对产业集聚能力作出的特殊贡献。

第七章　消费阶段

第一节　文化产业的价值实现理论

在文化消费研究的早期，学者们较多使用"精神文化消费"的提法。如消费经济学的创始人尹世杰教授针对马克思把生产力分为物质生产力与精神生产力的论述，首次提出消费力也可以分为物质消费力和精神消费力，而所谓"精神消费力"，就是消费者为了满足自己的精神文化需要而消费精神文化消费品的能力，"精神文化需要，主要是享受资料和发展资料的需要"。米银俊等（2002）依照马克思对个人消费的理解认为，文化消费应理解为人们为了满足文化生活的需要对物质和劳务的消费，或者是人们为了自身发展的需要而对消费资料的消耗。这种文化生活需要或自身发展的需要，主要包括对教育培训的消费需求，对娱乐休闲的消费需求，以及对文化、艺术、精神追求的消费需求。文化消费有广义和狭义之分。较早时期，有学者倡导研究狭义的文化消费。如施涛（1993）认为，文化消费中的"文化"应从狭义上来理解，它是指"以文学艺术为主体，包括音像、出版和与此相适应的文化艺术服务。文化消费就是指上述范围的文化产品和文化服务消费"。但随着时间的推移，更多的研究者倾向于采用广义的文化消费概念，表述也渐趋一致。即文化消费是指人们为了满足自己的精神文化生活而采取不同的方式，消费精神文化产品和精神文化服务的行为。

随着现代科技的进步，规模化大生产使文化产品的生产需要几个甚至数十个行业的协作配合，囊括几十上百家企业，往往有非常长的产业链。

甚至从图书还可延伸至动漫制作、影视基地、文化旅游等。将两部类模型引入文化产品（如图书）价值分析之后，将证明一切商品都是劳动的凝结。在论述生产与消费的关系时马克思认为，"生产既支配着与其他要素相对而言的生产自身，也支配着其他生产要素。过程总是从生产重新开始"。这也意味着生产周期总是从生产开始，最后以消费结束，所谓的"结束"，即这些商品或服务不再进入生产循环，不再是某种商品生产的中间环节，不再是生产的原辅料、半成品，而是被人们消费了，或形成新的投资。

因此，可以对第二部类即最终产品部类的生产进行细分，将最终产品分为"最终消费"与"新增投资"两大部分。文化消费的分类包括：

（1）根据文化消费的形式与方法来划分，文化消费可分为个人文化消费和社会公共文化消费（按消费形式分），被动型文化消费和主动型文化消费（按消费方法分）。其中，社会文化消费是在消费者家庭以外，消费者集中在特定的时间、地点共同进行的消费活动；个人文化消费在消费者家庭范围内进行的消费活动。区别这两种消费形式，主要是看辅助进行文化消费的物质资料是否发生所有权转移，以及文化消费品生产和消费是否同时进行。被动型文化消费，是指消费者只是作为观赏者或欣赏者，通过外部的声音、图像、文字和符号作用于自己的感官，达到精神消费的目的；参与型文化消费，是指消费者直接参与文化娱乐活动，并在其中扮演一定的角色的文化消费。

（2）根据文化消费的形态与层次来划分，文化消费有普及型或大众化的文化消费，提高型或高品位的文化消费；有自娱型的文化消费和专业型的文化消费；有消遣型文化消费、娱乐型文化消费、享受型文化消费、社交型文化消费、发展型文化消费和智力型文化消费等。其中，消遣型、娱乐型文化消费属较低层次的文化消费，享受型、社交型、发展型和智力型文化消费属较高层次的文化消费（徐淳厚，1997）。

第二节　文化产业的价值实现模型

研究发现，随着属于生活性消费的"最终消费"（如电影、图书、旅游等）的进行，在一个生产周期里，补偿固定资产损耗后的部分就是"新增投资"。这里仍然假设生产是简单再生产，图 5 - 3 中的 W_3 被分成"最终消费"和"新增投资"两部分，可得图 7 - 1。

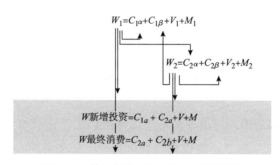

$$W_1=C_{1\alpha}+C_{1\beta}+V_1+M_1$$

$$W_2=C_{2\alpha}+C_{2\beta}+V_2+M_2$$

$$W_{新增投资}=C_{1a}+C_{2a}+V+M$$

$$W_{最终消费}=C_{2a}+C_{2b}+V+M$$

图 7 - 1 第二部类扩展后的两部类模型

图 7 - 1 与图 5 - 2 和图 5 - 3 一样，仍存在几个等式：（1） $W_1=C_{1a}+C_{2a}+C_{1a}+C_{1b}$ ， $W_2=C_{1b}+C_{2b}+C_{2a}+C_{2b}$ ；（2） $V_1+M_1+V_2+M_2=C_{1a}+C_{2a}+C_{2a}+C_{2b}$ ；（3） $W_{最终消费}+W_{新增投资}=V_1+M_1+V_2+M_2+V+M$ 。与图 5 - 2 和图 5 - 3 不同的是，在一个生产周期期末，维持人们日常生活的消费品被消费掉了，而企业的剩余价值除一部分用于消费外还进行了生产积累，新的生产能力形成。

在第一个生产周期内，两大部类的工人或生产企业都会将一部分收入（这里也包括一部分企业固定资产折旧款）存进银行，通过银行将这部分收入转移给急需资金的个人或企业，用于积累的资金除了来源于企业获得的剩余价值，无论其用以生活消费还是投资或者是对社会损耗的固定资产补偿，这部分资金所代表的购买力正好去购买相对应的社会最终产品，共同完成一个生产循环。

资金的使用都是有成本的，如果在上一周期内存在着借贷，则在下一生产周期内，借贷企业必须支付利息。企业支付的利息是企业的生产成本之一，会传导到社会最终产品或服务中。在图 7 - 1 中，企业借贷成本可看作流动不变资本，银行在整个生产体系中属于中间品的生产，在图中为 W_2 。

银行获得利息收入后，就要对利息收入进行分配，一部分用于银行固定资产补偿，一部分用于员工工资发放，剩余部分扣除税收和存款利息后成为银行利润。银行员工所获工资、政府收取的税收、存款人利息所得、银行股东利润等都会进行消费，它们正好在社会总产品中都有相对应部分，消费完成之后，又形成一个新的生产循环。可见，银行是社会化大生产最重要的一环，它将储蓄与消费直接联系起来。

图7-1看似简单再生产，但因为对最终产品部类进行了细分，除消费外还存在投资，扩大再生产的内在逻辑十分清晰。这些新增投资将形成新的生产能力，可能是工厂扩建或成立新的工厂，新增加的生产能力并不固定是两大部类中任意一个。在下一个生产周期，由于新增了生产能力，就需要新招收的工人和增加相应的生产原料，整个生产规模相应扩大。

如果按货币流通速度、商品价格不产生变动，为使生产顺利进行，在下一新的生产周期中必须增加货币供应。在简单再生产中，社会货币的需求量可视为相对固定，所需要的货币总量即为所有生产企业所需要流动资金总和。因此，当一部分最终消费转化为新增投资后，在下一新的生产周期中，为维持生产正常进行所需货币的增量将等于 $W_{新增投资}$ 这部分资产进行正常生产所需流动资金。

虽然是在均衡条件下讨论经济运行，但这仅是每一生产周期末生产结果的均衡。整个社会经济并不可能存在绝对均衡情况，而是处于大幅变动之中。但根据前一阶段的社会经济平衡表反映的所有生产企业间紧密的投入产出，可为对下一时期经济分析与预测提供真实有效的基础数据。

第四篇　文化产业集群再生产分析

第八章　文化产业集群形成的系统动力学模型

第一节　ISM 模型的基本方法

美国 Warfield 教授于 1973 年开发了 ISM，并将其作为分析复杂的社会经济系统问题的一种方法。借助于问题研究者的实践经验和知识以及计算机软件的帮助，将复杂的系统分解为若干要素构成的子系统，在其间建立一个多级递阶结构模型，以很好地展现系统内部结构及其相互关系。因此，ISM 特别适用于变量众多、关系复杂而结构不清晰的系统分析。其工作的基本原理如图 8 - 1 所示。

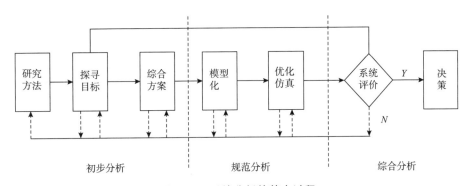

图 8 - 1　系统分析的基本过程

资料来源：汪应洛:《系统工程》,机械工业出版社,2007。

本书首先围绕文化产业集聚创新收益这一主要经济指标，对影响"嵌入型"文化产业集聚系统构成要素的经济指标集进行结构分析。为了便于理清各种因素在经济系统中的相互关系，我们运用了解释结构模型，从中得到我国经济系统统计指标集的多级递阶结构模型。其次，以所建立的我国产业集聚系统递阶结构模型为基础，针对本书的研究目的，对前述统计指标集进行增删，绘制文化产业集聚经济的系统动力学因果关系图，并根据因果关系图绘制系统流图，建立相应的动力学模型系统，并以2011 年为基年，对所选取地区（以"曲江国家文化产业示范区"为例）2012～2022 年的主要经济指标进行仿真，并力求将仿真的误差基本控制在 5% 之内。

第二节　ISM 模型构建

一　解释结构建模技术

解释结构建模（ISM，Interpretive Structure Modeling）技术，是美国 J. N. Warfield 教授于 1973 年作为分析复杂的社会经济系统结构问题的一种方法而开发的。通过提取问题的构成要素，并利用矩阵、有向图等工具，对要素及其相互关系等信息进行处理，最后用文字明确问题的层次和整体结构。ISM 方法的作用是把任意包含许多无序的、静态的、离散的系统，基于要素之间已知的但复杂的关系，从而揭示出系统的内部结构。其基本方法是先用矩阵和图形描述各种已知的关系，在矩阵的基础上，再进一步运算、推导来解释系统结构的特点（见图 8-2）。

二　"嵌入型"文化产业集聚系统构成要素

根据上一章对产业集聚利益来源点"租"的分析，兼对文化产业企业空间集聚的特征定位初步认为，文化产业的集聚亦是源于地理租、产业租、政府租的整体创新环境组合，分别来自基础要素、企业要素、市场要素（见图 8-3）；在文化产业集聚的萌芽、成长、成熟过程中，直至真正意义上产业集群的出现，将出现以上三种要素的更迭演进。

本书对 EI 及 CNKI 全文数据库进行条件检索，设定检索时间范围为2011 年 1 月～2012 年 6 月，主题词为"产业集群"并含"影响因素"

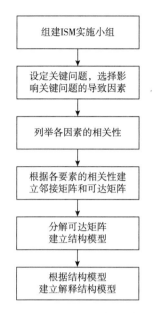

图 8 – 2　ISM 工作程序

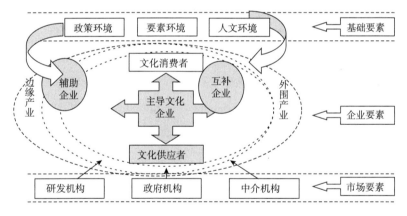

图 8 – 3　文化产业集群系统要素图

的文献 CNKI 检索到 1295 篇。主题词为"文化产业集群"并含"影响因素"的文献 CNKI 检索到 15 篇。进一步筛选后，关于文化产业集群影响因素的、国内外有影响力的文献共 43 篇，并进一步整理相关影响因素如下。

1. 来自经济地理学的理论解释：地域文化因素

如本书文献综述所提及，以 Krugman 领衔的中心—边缘模式强调，产业集聚的自然天成,即企业和产业一般倾向于在特定区位空间集中,不同群体和不同的相关活动又倾向于集结在不同的地方。鉴于第3章所述文化产业的产业特性,本书认为,文化产业集群的出现应该是在文化资源禀赋突出又弥漫着文化创新氛围的地方;那里居民"衣食足而知荣辱",具文化市场潜在商机;借助市场供需传导机制推动文化企业成为产业,再因此而集聚。

(1)文化积淀

塞缪尔·亨廷顿与劳伦斯·哈里森[262]在《文化的重要作用》一书中认为,区域文化与思想意识相关,随着时间的日积月累在人们的日常生活中逐渐形成。而由于文化具有地域性、承袭性、交融性,所以一般存在于积淀深厚的文明发祥地,如古代玛雅文化曾一度带来地中海文明。现代人们需要重新理解农耕文化的特定内涵,理解古民居文化的特定内涵,理解古村落的意境文化。文化积淀是指某地的"文化资源禀赋"。而文化积淀可以通过区域文化资源状况得到反映。文化资源指的是凝结了人类无差别劳动的成果精华以及丰富思维活动的物质、精神的产品或者活动[263]。从形式上,文化资源可划分为有形物质载体的文化资源(如特色民居建筑、历史遗存遗址、历史文化名城名镇、民族民间工艺品甚至特色服饰等)和无形精神层面的文化资源(如风俗习惯、民族节庆、艺术舞蹈、神话典故等)[264]。区域经济文化是社会资本的重要基础,"优质"区域经济文化是区域经济发展的"助推器"(辜胜阻等,2006[265])。

回到现实,陕西省历史文化遗产资源丰富。有以炎黄始祖和周秦汉唐为代表的历史文化,以延安精神为代表的红色革命文化,宗教文化,民俗文化,自然文化。全省现有各类文物点3.58万处、馆藏各类文物90余万件;国家非物质文化遗产名录62项、省级名录435项、市级名录956项、县级名录2292项。西安鼓乐、中国剪纸、中国皮影戏先后进入联合国教科文组织"人类非物质文化遗产代表名录"。秦岭、华山、壶口瀑布、秦巴山地等均有丰富的自然资源禀赋。具体按地域讲有以下几点资源分布特征。

①关中地区聚集了丰富的历史文化、现代文化、民俗文化等丰富的文

化资源。西安市具有无与伦比的历史文化资源优势、龙头企业带动优势、高端人才集聚优势、国际人口密集优势等，拥有建设国际化大都市和西咸一体化的发展机遇，通过打造"华夏文明历史文化基地、国际一流旅游目的地、国际一流文化产业集聚地"三大城市品牌，可以形成引领全省、示范全国、影响世界的文化产业增长极。

②陕北地区是历史上民族融合交汇地，又是革命圣地。拥有特色鲜明的黄土文化、独树一帜的边塞大漠文化和以延安为中心的中国革命圣地的品牌影响力，革命遗址遍布陕北大地。陕北民歌、陕北大秧歌、陕北说书、陕北道情、陕北二人台等丰富的民间民俗文化源远流长。枣园、杨家岭等知名革命纪念地与革命文物等红色文化资源遍布陕北各地。重点发展红色旅游、黄土风情体验、红色文化演出等产业，打造一批红色文化与民俗文化品牌，构筑具有浓郁革命精神、陕北黄土气息的陕北民俗文化及红色文化产业带，具有得天独厚的基础和优势。

③陕南地区以汉江为轴线，北靠秦岭、南依巴山、中部盆地，形成了独特的自然风光和生态环境，被联合国评为"世界人与自然生物圈"，拥有数个国家级、省级水利风景区和生态风景区。依托以汉中为中心的国家级大熊猫自然保护区、朱鹮自然保护区等生态品牌，以及三国遗存、南湖、南沙河、紫柏山等陕南知名人文、风景名胜区，重点发展汉中、安康生态旅游、休闲度假等优势行业，升级生态产业结构，打造一批国家级重点生态基地，集聚形成陕南南部具有浓郁山水文化气息的自然风景生态文化产业带。

（2）文化创新

蕴涵在创新环境与气氛中的文化现象以及文化特征就是文化创新氛围。理查德·弗罗里达就曾提出创意经济发展的3T原则：技术（Technology）、人才（Talent）、宽容（Tolerance）。宽容、开放的地区往往是文化产业选择的地区[266]。

比如，西安自古被誉为历史古都，区域地理优势明显。深受盛唐文化浸染，坐落于其上的曲江，成功运营曲江国际唐人文化周、中国东西部贸易洽谈会、中国西部文化产业博览会、第二届中国诗歌节、曲江国际当代艺术季等一系列大型文化活动，出版发行重大文化典籍工程《四部文明》、编纂大型诗歌集《诗韵华魂》。可谓从回归到发展，现代阐释文化寻根，让大唐气象恢弘再现，荒芜的城市郊区崛起美丽的人文旅游新城。

2. 来自新经济地理学的理论解释：文化市场因素

新经济地理学引入了规模报酬递增和正反馈效应，强调了产业外部性（Henderson，1974）、企业间联系（Venables，1996）、运输成本和需求因素（Krugman，1991）在决定企业选址中的重要作用。

（1）文化需求

文化市场需求是指在一定时期内，在每个价格水平上，消费者愿意和能够购买某种文化产品或文化服务的数量。

首先，购买能力取决于区域居民收入水平。根据联合国粮农组织提出的标准，恩格尔系数低于30%为最富裕，在59%以上为贫困。因为用弹性概念来表述恩格尔定律就是，食物支出在一国收入支出中所占比例随着该国富裕程度的增加而减少。据统计，深圳城乡居民的恩格尔系数在27%～36%。这说明，人们的物质生活水平将会不断提高，绝大部分人已提前进入小康水平。人们的需求渐渐由物质层面上升到了精神层面，社会消费将向享受型和发展型升级，文化的消费需求越趋增大。深圳居民的消费结构已经从实用型向享受型、发展型消费转型，用于教育文化娱乐服务的支出越来越大，2006年，人均教育文化娱乐服务支出为2264元，比上年增长15.9%，其占总消费性支出的13.6%，比1990年提高了7.5个百分点。这也意味着，深圳文化产业发展存在着巨大的发展空间。

其次，购买意愿取决于区域居民文化素养。凯恩斯绝对收入假说指出，经济主体绝对收入水平决定其消费层次。由于目前我国居民人均收入水平低于发达国家，对国民而言，文化产业消费领域的需求收入富有弹性。因为文化商品本身的性质决定了它主要是属于满足人们享受需要和发展需要的层次。通常人们的文化程度越高，追求个人素质全面发展的意识和欲望也就越强烈，因而对文化商品的需求量也就越大，进而直接影响文化产业企业的"引致需求"。所以，域经济发达和文化程度高的区域，往往也是吸引文化产业发展的区域[267]。

（2）文化消费

文化消费是指人们对精神文化产品和精神文化服务的消费行为，借助文化消费水平与文化消费结构衡量。

首先，文化消费水平是指一定时期内按人口平均实际消费的各种文化产品和劳务的数量。区域文化消费水平除了与区域经济发展水平有关，而且与区域高素质人口数量有关。因此，人口密集地带往往也是文化产品很好的销售市场，也是文化产业趋向的地区。

其次，文化消费结构是指人们消费各种不同类型的文化产品与服务的比例关系。相应的，文化消费结构的变动，在某种程度上反映出人们文化消费趋向的变迁。区域文化产业的布局关于产业类型的理性选择，也往往建立在对该区域文化消费结构变动趋势判断的基础上。

2011 年，陕西城镇居民人均可支配收入达 18245 元，比上年增加 2550 元，增长 16.2%；2011 年前三个季度，陕西城镇居民人均用于文化娱乐消费支出达 1517.5 元，占生活消费支出的 15%。

3. 来自新竞争经济学的理论解释：机遇及预期因素

在新竞争经济学 Porter 的"钻石模型"中，有作为因素之一的"机遇"，或可解答"为什么基础性的因素能在特殊的环境中得以产生？""产生的过程是随意的还是有区位性的？"等问题。故本书试图用客观契机与主观预期分列因素如下。

（1）机遇

尽管只是一次偶然的事件导致在某个地区建立了一个行业，在此之后，累积过程便开始发挥作用。"积累循环的因果关系"在缪尔达尔（G. Myrdal）的重要著作《进退维谷的美国》中得到充分的阐述。它表明，数量微小的优势如何扩展。而对这种观念的表述，最早可以回溯到威克塞尔（J. G. K. Wicksell）的《利息与价格》一书。比如，1750 年威尔士一名普通补鞋匠达格尔成为麻省制鞋业的创始人；长期以来享有盛名的普罗维登斯珠宝业，出自 1794 年一个当地人发明的镀金技术；而 19 世纪初一位卫理公会牧师的创意，则缔造了今天特洛伊城的制衣中心地位……类似于收敛性"蛛网模型"，这些事件按因果关系相互衔接并迅速地回归到稳定均衡状态，尽管该稳定均衡点并非一定。在时间变量的作用下，使最初的偶然事件发生放大效应，导致累积过程。

（2）预期

然而累积过程又是动态的，一系列事件之间的相互作用随着时间变化而变化，均衡点可能从一个转向另一个。所以试想，为什么萨梭罗的瓷砖中心至今不衰，而阿克伦、底特律这些曾经的集聚中心却时过境迁，风光不再？某地的空间集聚倾向究竟能走多远，依赖于经济的基本条件及人们对其发展趋势的揣测。劳动力资源等迁移产生的集聚，不仅取决于区域间当前的要素报酬差异，而且取决于两地未来预期。很多情况下，人们"用脚投票"，蜂拥而至的劳动力将增加该区域的吸引力，直至该区域成为集聚中心，地区间差异开始形成。本书用集群内文化产业就业规模衡量它。

4. 来自古典、新古典经济学的理论解释：生产要素因素

无论是古典经济学派亚当·斯密、大卫·李嘉图的绝对、相对比较优势理论，还是杜能、韦伯的农业工业区位理论，强调生产供给方面；而后来的经济发展日益以需求为重，因此，产生"最大市场学派"的廖什、"低市场准入"的 Harris 等。新古典经济学派的马歇尔强调，企业的空间集聚源于对共享的劳动力市场、技术及产业园区公共基础设施等的渴望；国内学者又提出，缄默知识和黏性知识的存在是知识溢出地方化的原因（梁琦，2004[268]），以及金融外部性和技术外部性（梁琦、钱雪锋，2007）。本书认为，文化产业属于缄默知识、更具一定范围内的传播特性，但文化产业高初始成本、低边际成本的特性又限制了它的推广，因此，趋向于聚集下的"合作"。根据发展要素分列如下。

（1）人力资源

人力资源作为区域经济增长的关键性因素之一，从 20 世纪 60 年代起，丹尼森、明赛尔、舒尼茨等经济学家就从不同层面和角度分别予以阐述，特别是罗默和卢卡斯等将人力资本理论引入"新增长理论"，强调人力资本属于边际报酬递增的极重要的生产要素[269]。普格（Puga，1998[270]）在刘易斯（Lewis，1954）和克鲁格曼（Krugman，1995[271]）的基础上，分析了劳动力供给弹性对于国民产业集聚的影响。在人类社会经济跃迁进程中，劳动力密集型产业对所提供劳动力的供给弹性较大，这意味着资本或技术密集型产业部门，可以以较小的劳动力报酬增幅吸引大量劳动力从低层次产业部门转移出来，以人力资本的聚集实现区域经济"循环累积"关系（Murata，2002[272]）。本书认为，相对于传统制造业，新兴文化产业由于恩格尔系数与凯恩斯绝对收入假说等随居民收入增加而消费种类、份额不断上升，出现对创意型人才的需求"缺口"；制造业由于要素边际报酬递减导致劳动力的供给"冗余"，由此新兴文化产业劳动力转移为特征的集聚发生。进一步的，考虑文化产业集群内部存在的协同效应（科学化的人才分工有望实现人尽其才、才尽其用的泰罗制管理）、知识外溢效应（由于产业集群的空间便利性、群内企业的利益一致性，可有效促进隐性知识外溢，从而带来知识共享）。此外，集群提供人才集群物质支持的同时，还提供精神支持。特别是产业集群对人才集群的精神支持并非独立存在，而是依附于产业集群的物质载体实现的。

（2）资本

研究表明，完善的金融市场可以降低交易成本并确保资本用于高回报率项目进而促进经济增长（Schumpeter，1934[273]；Mckinnon，1973[274]；Greenwood & Jovanovic，1990[275]；King & Levine，1993[276]；Rajan & Zingales，1998[277]；Wurgler，2000[278]；Beck，DemirgucKunt & Maksimovic，2006[279]）；价格扭曲、过度储蓄、资本分配不理性以及投资回报率低下等金融抑制行为，都将对创新氛围进而对经济增长产生不利影响（Fry，1978）。产业规模来自初始资本投入。当知识积累水平超过建立新企业所需要的临界值时，融资成本越低，从金融市场获得资本的可能性越高，获得资本规模也将越大，劳动力选择建立新企业的可能性越高，通过人员流动发生的内生产业集聚效果也就愈加显著，对经济增长的影响更持久；反之，融资成本的上升很可能会导致员工知识和技术积累意愿的降低。文化产业是一风险性较强的产业（鉴于其产品需求的不可确定性），各类风险如技术风险、市场风险及财务与管理风险等多方面风险因素，均可能在不同阶段存在;并且许多区域的文化企业尚处于初创期,面临着没有足够的抵押资产、银行资金不愿支持、融资渠道不畅、社会信用不高等制约因素,所以,仅靠市场融资非常有限。

所以试问,在"嵌入型"文化产业集聚模式中,政府出面的文化产业生态景观基础设施建设的巨额资金从何而来?

通过资料查阅归纳,我国城市基础设施建设资金主要来源于自筹资金,其在总投资中(国家预算内资金、国内贷款、利用外资及其他等)所占比重平均为 52.47%。将城市重大基础设施建设项目融资与产业制度相结合,是将基础设施建设带来的来自土地增值的收益以再循环的方式还原于更大范围的城市基础设施建设。比如,西安"曲江国家文化产业示范区"是以捆绑项目周边土地方式,通过土地出让,尽快地回收项目投入资金,实现项目的轻资产运营,保证景区持续盈利能力,以解决后续发展资金问题。这种政府驱动的融资行为,决定了后续准备加入文化产业集群的企业的规模标准,影响着类似于中小型文化企业的生存与发展问题,最终影响着文化市场资本效率。文化集群一般在初期的集聚规模有限,初始资金的投入与获得的便捷性,在一定程度上决定了产业集群是否能真正形成,所以结合国外成功经验来看,现实经济发展迫切需要建立起多元化的文化产业投资体制。

(3)技术

早在 1991 年,弗里曼开始注意到国民产业集聚存在与技术活动相关的联合行动,即集聚区内部企业相互联合具有的成本优势推动了技术学习和创新网络的形成(Freeman,1991[280])。洛尔提出技术能力(technological capability)的概念,以拓展产业集聚促进国民技术进步的分析(Lall,1992[281])。技术能力指国民企业对与产品、生产过程和生产组织相关的先进技术的吸收、模仿、应用、改造能力,这种能力包括了企业本身的技术水平及其组织管理能力。

研究表明,隐性知识主要蕴藏在专家、技术人员的大脑中,它的交流是弱纽带的,那么,空间距离的接近毫无疑问会加大其交流频度,促进其转移和流动。

贝尔和阿尔布发现，在产业集聚发展过程中，其知识系统（knowledge system）从第一维度即间接性及封闭趋向于目的性、从第二维度即非结构性和消极趋向合作性（Bell & Albu，1999[282]）。随着知识系统进步，知识溢出更加有序，强化了产业集聚。随着知识系统进步，知识溢出更加有序，强化了产业集聚；产业集聚可进一步产生知识溢出甚至达到整合（knowledge integration），通过此举能使交易成本内生化，以良性循环的方式促进产业集聚的发展（Caniels & Romiji，2003[283]）。汉弗莱以 JIT 及 TQM 为例，阐述了产业组织方式进步对国民产业集群的影响（Humphrey，1995[284]）。本书将技术因素作用范围首先限定于完全竞争的市场结构，意指厂商间生产函数或技术的相互依赖，是一种非市场性的相互作用效应，这种效应直接作用于厂商的生产函数，改变厂商的边际生产成本，用熊彼特租金（技术外部性）反映。由于文化产业企业间"知识溢出"效应影响，集中在开发区的企业通过技术升级等知识管理活动，实施规模化发展和区域联动战略，实现产业链的对接、延伸以及文化产业集群的可持续发展。另外，针对更多非完全竞争即垄断竞争的市场结构，为体现集聚企业在市场价格的调节下通过供求经济联系而产生的效应，用李嘉图租金和张伯伦租金（金融外部性）反映。

相关统计资料显示，2011 年，陕西省发明专利申请量达 13037 件，首次名列西部第一位，居全国第八位；专利申请总量达 32227 件，同比增长 40.4%，连续 6 年保持 30% 以上的增速。2011 年 4 月 27 日，陕西西安成为首批国家知识产权示范城市。

5. 来自制度经济学的理论解释：契约制度因素

不完全契约理论（Williamson，1985[285]；Grossman & Hart，1986[286]；Hart & Moore，1990[287]）指出，由于契约的不完全性，事前的专用性投资无法写入契约或无法向第三方证实，使事后的再谈判过程中，投资方面临被"敲竹杠"（holdup）的风险，从而导致了投资的无效率。既然契约制度影响产业集聚，政府的有效介入与规制可否克服契约制度的内生性问题？产业集聚的外部性可能导致市场失灵，发展中国家的产业集聚怎样应对市场失灵？

舒尔茨的研究发现，发展中国家产业集聚内部的联合行动，成为克服产业集聚导致的市场失灵的有效机制（Schmitz，1999[288]）。麦考密克在考察非洲的产业集聚时发现，国民制度环境的不完善导致产业以集群发展的形式减少交易成本（McCormick，1999[289]）。查里发现，印度的土地所有权制度和信贷制度对印度纺织产业集聚的发展具有显著影响（Chari，2000[290]）。对发展中国家产业集聚"进行更为完整的分析，我们必须寻找集聚背后的制度因素"（McCormick，1999[289]）。进一步的，舒尔茨提出了政府行使职能的三大原则（Schmitz，1999[288]）。

在促进产业集聚发展的过程中，政府应该扮演什么样的具体角色呢？研究认为，现实社会生活中政府应该扮演的角色有创始者（initiator）、促进者（promoter）、协调者（coordinator）、管理者（manager）四种（Morosini，2002[291]）。从产业分类的视角，总结了促进产业集聚发展应采取的产业政策（Altenburg 和 MeyerStamer，1999[292]）。经过文献研读，本书将"契约制度因素"分解为以下几点。

（1）区域文化产业法规政策

法规政策对集群影响（Kumar，Rajan & Zingales，2002；Beck，Demirguc Kunt & Maksimovic，2006[279]；Laeven & Woodruff，2007[293]）；本书的研究进一步揭示了文化产业集群的成长亦有赖于完备的法律法规体系。

（2）区域文化产业管理模式

文化企业集群建立后能否持续下去，取决于政策的持久稳定及企业的长远发展。在区域内实现平衡发展是一种理想状态，当地的经济增长通常只能从一个或数个"增长中心"逐渐向其他部门传导。依据克鲁格曼基于规模报酬递增构建的"中心—边缘模型"，地方政府有必要依据区域比较优势和规模的敏感性选择和培育新兴产业，以便使相关产业实现集聚。

综上所述，影响文化产业集群最终形成的影响因素包括：地域文化因素、文化市场因素、机遇及预期因素、生产要素因素、契约制度因素。研究发现，在一定程度上与波特"钻石模型"不谋而合（见图8-4）。经过模型改造，本书将文化产业集群的文化因素引入产业集群竞争力模型，构

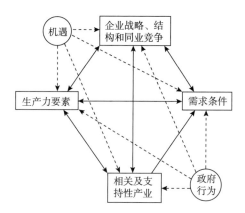

图 8 - 4　波特"钻石模型"

建出扩展的"钻石模型"（见图 8 - 5）。

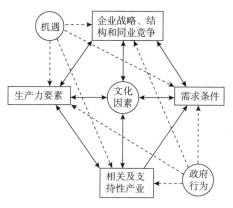

图 8 - 5　扩展的"钻石模型"

本书结合文化产业的特点，融入文化因素构建适用于文化产业的集群竞争力"钻石模型"，表明文化产业集聚本身即为一个动态的、双向强化的系统，其中每个因素都不可或缺，共同影响到"嵌入型"文化产业集群的最终形成。

三　文化产业集群形成的 ISM 模型

文化产业集群形成的各个影响因素作用大小不一，而这些因素之间的作用既有差别，又有错综复杂的联系。本书将运用 ISM 模型进行分析，可以从复杂的因素以及因素链中，找出文化产业集群形成的表层直接影响因素、中层间接影响因素和深层甚至最根本的影响因素，从而有助于做出正确的因素分析。具体步骤：

1. 确定影响文化产业集群模式的备选因素。通过对文献中提出的文化产业集群模式选择影响因素进行分析，在将重复的因素去除后，重新归并剩余的因素，总结出 n 个影响文化产业集群模式选择的备选因素，其集合表示为：$S = (s_1, s_2, \cdots, s_i, \cdots, s_n)^T$。接下来的问题是选取哪些变量来建立起一个合理并且可行的模型。变量选择需要考虑：一是变量本身所代表的意义；二是变量数据的可获取性；三是变量纳入模型后的显著性、相关性和敏感性。建模的过程实际上就是一个变量的不断筛选、回归分析、校核和检验的反复过程，最后的目的是获得一个拟合度比较高的、符合研究精度需要的模型。

首先，构建如下概念模型：

$$s_{it} = \alpha + \beta_1 Re - ad + \beta_2 Ag + \beta_3 Po + \varepsilon_{it}$$

式中，因变量 $S = \{s_1, s_2, \cdots, s_n\}$ 作为度量文化产业集聚的变量，表示 i 省市在第 t 年度文化产业增加值占当年全国文化产业增加值的比重。对企业成长的测量方法进行了综述，将企业资产增长、销售收入增加、员工人数增多及市场份额扩大等 4 个方面视为企业成长标志（Delmar & Davidsson，1998[294]；Weinzimmer，Nystrom & Freeman，1998[295]）。Regional – advantages（简记为 Re – ad）表示地理租金因素的向量；Agglomeration（简记为 Ag）表示产业租金因素的向量；Policy（简记为 Po）表示组织租金因素的向量；$S = \{s_1, s_2, \cdots, s_n\}$ 表示随机误差项。具体因素选取以及变量选择如表 8 – 1 所示：

表 8 – 1　文化产业集聚影响因素变量选取表

	因素选取	指标设计	符　号
地理租	文化资源禀赋	地区文化资源数量占全国平均水平的比重	Resources
	地理区位优势	各地区邮电业务总量占全国比重	Convenience
	文化消费需求	城镇居民人均文化娱乐消费支出与全国平均值之比	Demand
	居民收入水平	地区平均收入与全国平均收入之比	Income

续表

因素选取		指标设计	符　号
产业租	人力资源	文化产业从业人员占全社会从业人员比重	HR
	企业初始资本	文化产业年度增加比率	Profit
	熊彼特租金	各地区专利申请受理数占全国比重	Innovation
	李嘉图租金	各地区第三产业总的就业份额占全国比重▲	Thr – Industry
	张伯伦租金	知识产权保护度①●	Knowlage
组织租	政府财政支出	文化事业费占财政支出比重	Invest
因变量	文化产业集聚	某区某年文化产业增加值占当年全国文化产业增加值比重▲	Cluster

注：●表示软指标；▲表示由客观数据计算出的指标；其他未注明标记的为客观指标。

本书采用 31 个省级单元面板数据（2003 ~ 2012 年），运用 EViews（Econometric Views）6.0 计量分析。结合方程总体线性的显著性检验（F 检验）以及 Hausman 检验的结果，从截面方面考虑，2003 ~ 2012 年的时间跨度不是很大，时间效应在此表现得不会特别明显，以不违背经济理论为前提，本书选用了忽略时间影响的混合回归模型，利用参数估计的普通最小二乘法样本观测值进行估计。具体是采用"分组进入法"依次引入了"地理租""产业租""组织租"三组变量进行回归，该模型估计结果见表 8 - 2（具体运算过程见附录 2）：

表 8 - 2　2003 ~ 2012 年各类因素与文化产业的相关检验

变　量	方程（1）	方程（2）	方程（3）	方程（4）
C	0.023 *** （0.0073）	0.069622 （0.9802）	− 0.01001 ** （0.00484）	− 0.068 （0.887）
Resources	0.003 ** （0.0026）			0.000019 *** （0.0024）
Convenience	0.0055 ** （0.002）			0.0032 （0.0033）
Demand	0.0015 （0.0097）			− 0.00049 （0.0086）
Income	− 0.0092 （0.015）			− 0.01198 （0.0135）
HR		1.6242 ** （2.9256）		1.1632 ** （2.647）

① 该国"知识产权保护立法强度"与"执法强度"的乘积。其中，"执法强度"选取"地区律师比例""立法时间"指标测定（许春明、陈敏，2008）。

续表

变　量	方程（1）	方程（2）	方程（3）	方程（4）
Profit		0.34008 * （0.178）		0.304 * （0.161）
Innovation		0.0017 ** （0.0007）		0.0008（0.0018）
Thr – industry		0.812（0.7302）		0.887（0.6604）
Knowlage		0.0132（0.0157）		0.0073（0.0142）
Invest			1.3929 *** （0.236）	1.467 *** （0.2494）
Ad. R^2	0.021	0.0767	0.18012	0.2451
F	1.832	3.558 ***	34.83 ***	6.0014 ***

注：（1）*、**、*** 分别表示在 10%、5% 和 1% 的显著性水平下显著；（2）估计系数下的括号中的数值为估计系数的标准差。

　　回归结果根据表 8 - 2 以及前文对变量的说明，我们可得以下结果（具体运行过程见附录 2）：

　　首先，回归（3）和（4）表明，国内文化产业园区企业经济绩效的源泉，主要来自政策优惠促使企业入驻开发区而非传统意义上的区域聚集的收益，假说 1 得到数据支持。

　　其次，回归（2）和（4）表明，企业初始资本对企业产出改善具有显著的促进作用；企业特征对企业产出的影响各不相同：其中，企业技术创新（即熊彼特租金）与产出正相关并具有显著影响，这说明文化产业确实是创新性很强的产业，体现出集群企业"知识外溢"的优势；也由于文化产业的知识密集型特征，知识产权保护度（即张伯伦租金）对企业产出贡献较大；同时，高科技人才对文化产业企业的正向影响最大，说明文化产业属新兴产业，不少杰出人才是接受了大学教育之后的创业型精英的技能型人才。验证了假说 2。

　　最后，文化资源禀赋对文化企业集聚收益的贡献显著，而地理区位优势较不显著，这也印证了新经济地理学的观点，即最初的地理区位优势产生的循环累积因果效应，将在区域集聚经济体形成后变得不再重要（Bathelt Harald，2003[296]；Gornostaeva，2004[297]）。初步验证了假说 3。

　　总体上讲，该计量模型通过了 F 检验，并验证了假说 1、假说 2 以及初步验证了假说 3。尽管解释变量选择存在变化，但是，本书关注的导致

"嵌入型"文化产业集群形成发展的因素（如资源禀赋等文化产业空间集聚指标、技术创新因素以及政府投入对人力资源因素的提升等）对于企业产出的影响很显著。模型的拟合程度较好（校正可决系数为 0.2451，见回归（4））。

根据该步骤，确定出文化产业集群主要构成因素，并标注序号：①文化产业集聚创新收益 s_1；②地理租金 s_2；③产业租金 s_3；④组织租金 s_4；⑤文化资源禀赋 s_5；⑥文化创新氛围 s_6；⑦地理区位优势 s_7（包括房地产财政功能，房地产经济功能）；⑧文化市场需求 s_8；⑨文化市场消费 s_9；⑩区域居民收入水平 s_{10}；⑪区域居民文化素养 s_{11}；⑫历史发展契机 s_{12}；⑬心理预期 s_{13}；⑭人力资源 s_{14}；⑮企业初始资本 s_{15}；⑯动态技术创新能力 s_{16}；⑰行业比较优势 s_{17}；⑱市场保护力量 s_{18}；⑲政府财政支出 s_{19}；⑳政府基础设施建设支出 s_{20}；㉑政府对高等教育支出 s_{21}；㉒政府对鼓励创新的配套政策投入 s_{22}。

具体关系见表 8 - 3、表 8 - 4。

表 8 - 3　文化产业集聚系统要素 I

①文化产业集聚创新收益（2，3，4）	⑤文化资源禀赋	⑨文化市场消费（12，13）	⑬心理预期	⑰行业比较优势	㉑政府对高等教育支出（19）
②地理租金（5，6，7）	⑥文化创新氛围	⑩区域居民收入水平（19，21）	⑭人力资源（15）	⑱市场保护力量	㉒政府对鼓励创新的配套政策投入（19）
③产业租金（16，17，18）	⑦地理区位优势（5）	⑪区域居民文化素养	⑮企业初始资本	⑲政府财政支出	
④组织租金（22，23，24）	⑧市场需求（10，11）	⑫历史发展契机	⑯动态技术创新能力	⑳政府基础设施建设支出（19）	

备注：表中所示为邻接矩阵列关系。

表 8 – 4　文化产业集聚系统要素 II

①文化产业集聚创新收益	⑤文化资源禀赋（2，7）	⑨文化市场消费	⑬心理预期	⑰行业比较优势	㉑政府对高等教育支出（19）
②地理租金（1）	⑥文化创新氛围（2）	⑩区域居民收入水平（8）	⑭人力资源	⑱市场保护力量	㉒政府对鼓励创新的配套政策投入（19）
③产业租金（1）	⑦地理区位优势（2）	⑪区域居民文化素养（8）	⑮企业初始资本	⑲政府财政支出	
④组织租金（1）	⑧市场需求	⑫历史发展契机	⑯动态技术创新能力（19）	⑳政府基础设施建设支出（19）	

备注：表中所示为邻接矩阵行关系。

2. 建立解释结构模型邻接矩阵。邻接矩阵（A）表示系统要素间基本二元关系或直接联系情况的方阵。根据上述表达系统结构的集合（S，R）可以将 A 矩阵列出。其中，R 表示以系统各因素间的关系为背景，在某种关系 W 下各实体间关系值（是否存在关系 W，"是"为 1，"否"为 0）的集合；用 $S = \{s_1, s_2, \cdots, s_n\}$ 表示作为实体集合的系统模型，s_i 表示实体集合中的每个元素（见图 8 – 6）。

3. 确定解释结构模型可达矩阵。求得邻接矩阵后，接下来求 $A + I$，对某一整数 n 做矩阵（$A + I$）基于布尔代数运算的幂运算，矩阵 $M = (A + I)^n$ 称为可达矩阵。直至经过多次迭代 $M = (A + I)^{n+1} = (A + I)^n \neq \cdots \neq (A + I)^2 \neq (A + I)$ 成立为止。所以可达矩阵（M），就是表示系统要素之间任意次传递性二元关系或有向图上两个节点之间通过任意长的路径可到达情况的方阵。本书通过将邻接矩阵 A 导入 Matlab 数学软件中，实现对邻接矩阵的运算处理，经计算得出矩阵经过 5 次转化后成为可达矩阵 M（见图 8 – 7）。

4. 各要素的级别分配。对可达矩阵按照每行元素个数由小到大排序，根据排序顺序，调整行和列。去掉矩阵中有强连接关系的因素（S_2、S_3、S_4 与 S_1，S_{10} 与 S_{11}，S_{20}、S_{21}、S_{22} 与 S_{19} 有强连接关系），得到缩减矩阵。将缩减矩阵从左上角到右下角，依次分解出最大阶数的单位矩阵 M_1（见图 8 – 8）。

	1	2	3	4	5	6	7	8	9	10	11	12	13	14	15	16	17	18	19	20	21	22
1	0	0	0	0	0	0	0	0	0	0	0	0	0	0	0	0	0	0	0	0	0	0
2	1	0	0	0	0	0	0	0	0	0	0	0	0	0	0	0	0	0	0	0	0	0
3	1	0	0	0	0	0	0	0	0	0	0	0	0	0	0	0	0	0	0	0	0	0
4	1	0	0	0	0	0	0	0	0	0	0	0	0	0	0	0	0	0	0	0	0	0
5	0	1	0	0	0	0	1	0	0	0	0	0	0	0	0	0	0	0	0	0	0	0
6	0	1	0	0	0	0	0	0	0	0	0	0	0	0	0	0	0	0	0	0	0	0
7	0	1	0	0	0	0	0	0	0	0	0	0	0	0	0	0	0	0	0	0	0	0
8	0	0	0	0	0	0	0	0	0	0	0	0	0	0	0	0	0	0	0	0	0	0
9	0	0	0	0	0	0	0	0	0	0	0	0	0	0	0	0	0	0	0	0	0	0
10	0	0	0	0	0	0	0	1	0	0	0	0	0	0	0	0	0	0	0	0	0	0
$A=$ 11	0	0	0	0	0	0	0	1	0	0	0	0	0	0	0	0	0	0	0	0	0	0
12	0	0	0	0	0	0	0	0	0	0	0	0	0	0	0	0	0	0	0	0	0	0
13	0	0	0	0	0	0	0	0	0	0	0	0	0	1	0	0	0	0	0	0	0	0
14	0	0	1	0	0	0	0	0	0	0	0	0	0	0	0	0	0	0	0	0	0	0
15	0	0	1	0	0	0	0	0	0	0	0	0	0	0	0	0	0	0	0	0	0	0
16	0	0	1	0	0	0	0	0	0	0	0	0	0	0	0	0	0	0	0	0	0	0
17	0	0	0	0	0	0	0	0	0	1	0	0	0	0	0	0	0	0	0	0	0	0
18	0	0	0	0	0	0	0	0	0	0	0	0	0	0	0	0	0	0	0	0	0	0
19	0	0	0	0	0	0	0	0	0	1	0	0	0	0	0	0	0	0	0	1	1	1
20	0	0	0	1	0	0	0	0	0	0	0	0	0	0	0	0	0	0	0	0	0	0
21	0	0	0	1	0	0	0	0	0	0	0	0	0	0	0	0	0	0	0	0	0	0
22	0	0	0	1	0	0	0	0	0	0	0	0	0	0	0	0	0	0	0	0	0	0

图 8－6　邻接矩阵图

	1	2	3	4	5	6	7	8	9	10	11	12	13	14	15	16	17	18	19	20	21	22
1	1	1	1	1	0	0	0	0	0	0	0	0	0	0	0	0	0	0	0	0	0	0
2	1	1	1	1	0	0	0	0	0	0	0	0	0	0	0	0	0	0	0	0	0	0
3	1	1	1	1	0	0	0	0	0	0	0	0	0	0	0	0	0	0	0	0	0	0
4	1	1	1	1	0	0	0	0	0	0	0	0	0	0	0	0	0	0	0	0	0	0
5	1	1	1	1	1	0	0	0	0	0	0	0	0	0	0	0	0	0	0	0	0	0
6	1	1	1	1	0	1	0	0	0	0	0	0	0	0	0	0	0	0	0	0	0	0
7	1	1	1	1	0	0	1	0	0	0	0	0	0	0	0	0	0	0	0	0	0	0
8	1	1	1	1	0	0	0	1	0	0	0	0	0	0	0	0	0	0	0	0	0	0
9	1	1	1	1	0	0	0	0	1	0	0	0	0	0	0	0	0	0	0	0	0	0
$M=(A+I)^5=$ 12	1	1	1	1	0	0	0	0	0	1	0	0	0	0	0	0	0	0	0	0	0	0
13	1	1	1	1	0	0	0	0	0	0	1	0	0	0	0	0	0	0	0	0	0	0
14	1	1	1	1	0	0	0	0	0	0	0	1	0	0	0	0	0	0	0	0	0	0
15	1	1	1	1	0	0	0	0	0	0	0	0	1	0	0	0	0	0	0	0	0	0
16	1	1	1	1	0	0	0	0	0	0	0	0	0	1	0	0	0	0	0	0	0	0
17	1	1	1	1	0	0	0	0	0	0	0	0	0	0	1	0	0	0	0	0	0	0
18	1	1	1	1	0	0	0	0	0	0	0	0	0	0	0	1	0	0	0	0	0	0
19	1	1	1	1	0	0	0	0	0	0	0	0	0	0	0	0	1	0	0	0	0	0
10	1	1	1	1	0	0	0	0	0	1	1	0	0	0	0	0	0	0	0	0	0	0
11	1	1	1	1	0	0	0	0	0	0	0	0	0	0	0	0	0	0	0	0	0	0
20	1	1	1	1	0	0	0	0	0	0	0	0	0	0	0	0	0	0	0	1	1	1
21	1	1	1	1	0	0	0	0	0	0	0	0	0	0	0	0	0	0	0	0	1	0
22	1	1	1	1	0	0	0	0	0	0	0	0	0	0	0	0	0	0	0	0	0	0

图 8－7　可达矩阵图

$$M_1=$$

	1	5	6	7	8	9	12	13	14	15	16	17	18	19	10	20
1	1	0	0	0	0	0	0	0	0	0	0	0	0	0	0	0
5	1	1	0	0	0	0	0	0	0	0	0	0	0	0	0	0
6	1	0	1	0	0	0	0	0	0	0	0	0	0	0	0	0
7	1	0	0	1	0	0	0	0	0	0	0	0	0	0	0	0
8	1	0	0	0	1	0	0	0	0	0	0	0	0	0	0	0
9	1	0	0	0	0	1	0	0	0	0	0	0	0	0	0	0
12	1	0	0	0	0	0	1	0	0	0	0	0	0	0	0	0
13	1	0	0	0	0	0	0	1	0	0	0	0	0	0	0	0
14	1	0	0	0	0	0	0	0	1	0	0	0	0	0	0	0
15	1	0	0	0	0	0	0	0	0	1	0	0	0	0	0	0
16	1	0	0	0	0	0	0	0	0	0	1	0	0	0	0	0
17	1	0	0	0	0	0	0	0	0	0	0	1	0	0	0	0
18	1	0	0	0	0	0	0	0	0	0	0	0	1	0	0	0
19	1	0	0	0	0	0	0	0	0	0	0	0	0	1	0	0
10	1	0	0	0	0	0	0	0	0	0	0	0	0	0	1	0
20	1	0	0	0	0	0	0	0	0	0	0	0	0	0	0	1

图 8-8　缩减矩阵图

5. 绘制系统递阶结构图。从矩阵 M_1 可以看出，文化产业集群影响因素被划分为三个层次。第一层：S_1、S_2、S_3、S_4；第二层：S_5、S_6、S_7、S_8、S_9、S_{12}、S_{13}、S_{14}、S_{15}、S_{16}、S_{17}、S_{18}、S_{19}；第三层：S_{10}、S_{11}、S_{20}、S_{21}、S_{22}。层次关系可用系统递阶结构图表示。系统递阶结构图中因素的重要性，按分层顺序由上往下依次递减。文化产业集聚收益的形成受地理租、产业租、组织租决定。地理租取决于资源禀赋，交通区位，居民收入及消费水平；产业租取决于资本，技术和人力资源；组织租取决于政府财政支出等。在文化产业集聚过程中，各因素形成了错综复杂的影响关系。由于以上因素难以量化，或者因素本身还取决于其他经济指标，系统递阶结构图只能表明演进路径。不过通过系统递阶结构图，可知文化产业集群是一个具有多重交叉反馈路径的系统问题，需要引入系统动力学这种模拟动态复杂系统的建模方法来进行深入研究（见图 8-9）。

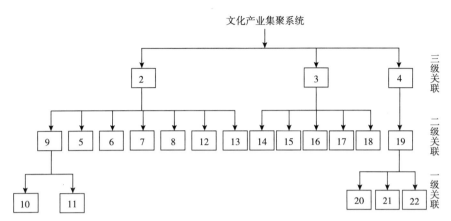

图 8 - 9 系统递阶结构图

第三节 文化产业集群形成的系统动力学模型

一 系统动力学应用现状

系统动力学（system dynamics）是一门分析研究信息反馈科学的学科，在系统功能的原理基础上，将系统因果关系模型利用反馈、调节和控制原理进一步设计反映系统行为的反馈回路，并借助 Vensim PLE 软件进行仿真，从而得到系统各个变量的变化规律。在国际层次上，20 世纪 50 年代中期，首创系统动力学的 Forrester 教授建立美国国家经济模型的基本假定，即是社会经济系统为非平衡系统；1971 年，罗马俱乐部采用 J. W. Forrester 提出的世界发展未来模型，研究世界未来发展前景问题[298]；其后，WORLDII 和 WORLDIII 模型，研究了世界范围内人口、自然资源、工业、农业和污染诸因素的相互制约关系及产生的各种可能后果[299]；此后，许多学者对系统动力学在经济发展中的运用也做出了重要贡献（G. R. Yochum，1989[300]；Karl Go Kran，2002[301]；AliKerem Sayse，2002[302]）。比如，拉斯维加斯市水资源合理利用的模式（Stave，2002[303]、2003[304]），人类对草地资源（Janssen，2000[305]）、湿地湖泊（Janssen，2001[306]；Cuneralp et al，2003[307]）及可持续的土地利用及城市发展等非线性复杂系统问题（Raman H.，2002[308]；Saysel，2002[309]、2006[310]）。我国学者近年来相继对社会经济系统的政策作用机制进行系统动力学方法的开创性研究（王其藩，1991[311]、2004[312]；苏懋康，1988[313]；胡玉奎，1997[314]）之后：在国民经济研究领域，以社会经济相互支持、相互制约的复杂关系为背景建立了基础产业（何绍福、朱鹤键等，2006[315]；赵妍，2009[316]；王鹏飞、刘胜，2010[317]）、核心能源的供需系统研究（孙梅，2006[318]；张晓慧，2008[319]）；在区域经济研究领域，对国民经济变量进行模拟分析并建立环境经济系统可持续协调发展的系统动力学模型（胡大伟，2006[320]；唐静，2006[321]；王波，2007[322]；朱宏飞、李定龙等，2008[323]；刘璟，2009[324]；王光净、杨继军等，2009[325]；蔡林、高速进，2009[326]），研究区域创新系统的可行性与优势所在（谷国锋，2003[327]）以及系统划分与检验（朱晓霞，2008[328]），提炼出区域创新系统的系统构成要素，并选取模型的输出与相应变量对区域经济进行了实证研究（曲然、张少杰，2008[329]；赵玉林、李文超，2008[330]；林学明，2006[331]；夏国平，2008[332]）。

二　文化产业集群形成因果关系图

本书通过对已有因素进行补充和修正，构建一个具有反馈机制的"嵌入型"文化产业集聚系统动力学模型。文化产业集聚的系统动力学模型建立在如下前提之上：

（1）文化产业集聚体系所表征的产业演进过程，在时间为函数条件下连续。

（2）政府政策具有连贯一致性。

（3）集聚阶段的投入主要包括劳动力（l）、资本（k）、技术水平（A）。

将经济数据带入模型，通过计算机技术进行仿真，模拟文化产业集聚园区未来发展趋势。使用系统动力学方法建立模型，首先确定系统边界。Markusen（1996）[333]将产业集群划分为马歇尔式、轮轴式、卫星平台式、依赖政府式四种。进一步研究，将这四种产业集群归结为市场自发形成与政府驱动形成两大类，分别对应产业集群形成的内在动因和外在动因。

内在动因是指产业聚集所引起的资源共享、知识外溢，吸引周边集群外企业不断加入；外在动因主要来自政府孵化器的作用显现，通过采取税收优惠、提供公共服务设施等措施吸引企业集聚，促进产业集群发展。

本书所构建的系统动力学模型着重于研究政府在产业集群演进中的"嵌入型"作用及其集聚效应，因此，将政府财政收入、集群对人才吸引度以及政府支持对集群基础设施构建的影响等划入系统内部，在系统内外允许物质、能量的交换。在此基础上，绘制因果关系如图 8-10 所示。

研究发现存在以下主要路径：

1. 地理租金流

文化资源禀赋→区域居民收入水平/地理区位优势→景观地产开发需求→财政支出→政府基础设施建设投入→生态景观地产开发→羊群效应导致的"地价飙升"→实质土地供应→环境宜居性/基础设施完善程度→区域人才吸引力→区域人才总数→企业科技人员/科研机构人员→企业研发成果→专利申请数量→企业成果转化能力→技术市场成交额→文化产业集聚收益→区域 GDP→区域居民收入水平→文化资源禀赋

在资源型产业集群的发展过程中，常存在某些自然资源丰富的地区却未能因为自然禀赋这一有利条件实现快速发展，反而出现有悖于传统经济增长理论的"资源诅咒"（Resource Curse）现象（王发明、刘传庚，2008[334]；张绪清，2010[335]）。更严重的问题是对资源粗放式的开发利用，致使资源提前枯竭，生态环境受到严重破坏。导致这些问题的根本原因在于，资源型产业集群传统的"资源开发—产业扩张—资源耗竭"的线性经济增长模式，使得集群与生态环境的协调发展受到制约。因此，构造"资源开发—产业扩张—资源再生"的循环经济模式，是突破资源环境约束，实现资源型产业集群可持续发展的关键（张伟，2008[336]）。政府的作用是试图解决资源"早衰"困境与环境污染困境。

但是，这只是一个主要的正反馈回路。各种要素之间还有一些复杂的关系：

（1）人才本身既有因集聚效应的增长，也有因拥挤效应的迁出；

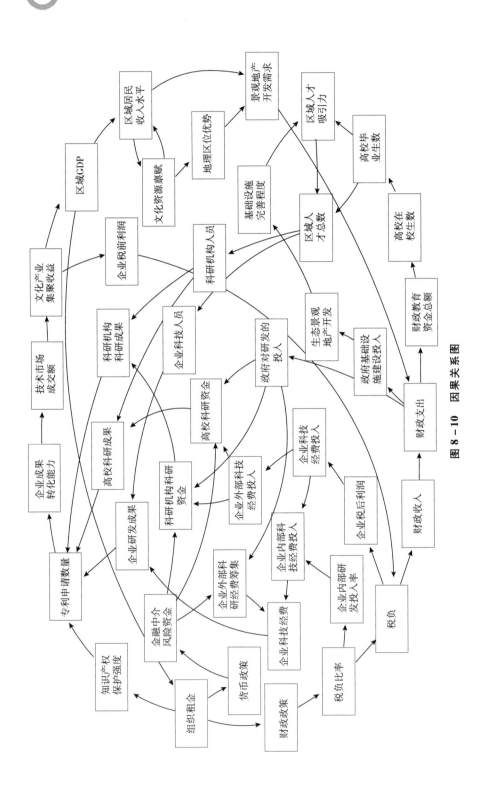

图 8-10 因果关系图

（2）人才受客观物质条件改善的吸引，取决于劳动力成本的及时补偿①；

（3）文化产业就业需求（劳动力）不足也会刺激产业的迁出，影响产业用地增长或衰减；

（4）产业本身会增加，由于生命周期的存在也会衰减或迁出；

（5）文化产业用地的增长是由需求和土地供应计划双方面决定的，土地供应计划是依据土地总量限制和已经在使用的土地存量共同决定。

2. 产业租金流

文化产业集聚收益→企业税前利润/税负→企业税后利润/财政收入→企业内部科技经费投入/企业外部科技经费筹集→企业科技经费→企业研发能力→企业研发成果→专利申请数量→企业成果转化能力→技术市场成交额→文化产业集聚收益

首先，关于企业资金的获取。体现在具体合作过程中，企业、政府、金融机构分别向集群内企业投入自己的资金，集群内企业通过对社会资本的吸收、内化来加速企业发展，增强企业竞争力。各方投入力度越大，其他合作者的满意度及信任度就越强，集群内企业的合作概率也就越高。合作各方实际从合作中所获取的收益达到预期收益的程度，决定了合作者所感受到的合作能带来的绩效高低，从而进一步刺激其寻求新合作的动力。

其次，关于企业技术的增进。本书认为，影响知识增量的因素有三个：其一是固有知识存量（来自文化资源禀赋），其二是企业求知动力（来自研发资金多方投入、科研人员培养使用），其三是知识转换成本（来自知识成果转化率）。在此基础上，以知识为载体的文化企业增加遵循"柯布－道格拉斯生产函数"路径依赖的原则，且呈现边际报酬递增效应。

3. 组织租金流

组织租金→货币政策/财政政策→金融中介风险资/政府对研发的

---

① 马克思认为，劳动力成本取决于三方面，"自然的和历史地发展起来的首要的生活必需品的价格和范围，工人的教育费，妇女劳动和儿童劳动的作用，劳动生产率，劳动的外延量和内含量"，即维持工人生存的费用、维持工人家属及其后代生存的费用、继续教育的支出费用（《马克思恩格斯全集》第23卷，第613页）。

投入→高校科研资金/科研机构科研资金→高校科研成果/科研机构科研成果→专利申请数量→企业成果转化能力→技术市场成交额→文化产业集聚收益→区域 GDP→组织租金

三 文化产业集群形成系统流图

因果关系图适合于表达系统要素之间的相关性和反馈过程,却无法描述系统管理和控制过程。动态系统结构流程图是在因果关系图的基础上,进一步区分变量的性质,用更加直观的符号刻画系统要素之间的逻辑关系,明确系统的反馈形式和控制规律。对于文化产业集群系统动力学模型,通过政府投入、专利技术、人才数量和收益水平四个状态变量,来分别进行说明,并绘制系统动力学流图,如图 8 - 11 所示。

四 模型系统动态流图的量化说明

1. 数据资料的搜集

模型构建的基础数据为 2007 年 6 月 25 日由文化部授予的首批国家级文化产业示范园区(西安曲江新区)的统计数据,主要来源于《中国统计年鉴》(2001～2011),《陕西省统计年鉴》(2001～2011),《中国城市统计年鉴》(2001～2011),"中国行业年鉴、行业报告等数据采集中心"《2011～2010 中国文化产业年鉴》、《2009 中国文化产业发展报告》、《2008 中国文化产业学术年鉴》、《2007 中国文化产业年度发展报告》等资料。具体来源见表 8 - 5。

表 8 - 5   文化产业指标的数据来源表

数据来源	具体渠道
统计资料	西安统计年鉴(2004～2009)、西安统计公报(2008～2010)、陕西省统计年鉴(2010)、陕西省经济年鉴(2004～2010),其他城市统计年鉴和统计公报及相关专项统计
行业报告	西安经济发展报告(2011)、西安市文化产业发展报告(2010)、中国文化产业蓝皮书(2010)等
电子资源	网络检索、地方数据库、城市统计网站、文化产业网站及相关调查报告数据整理

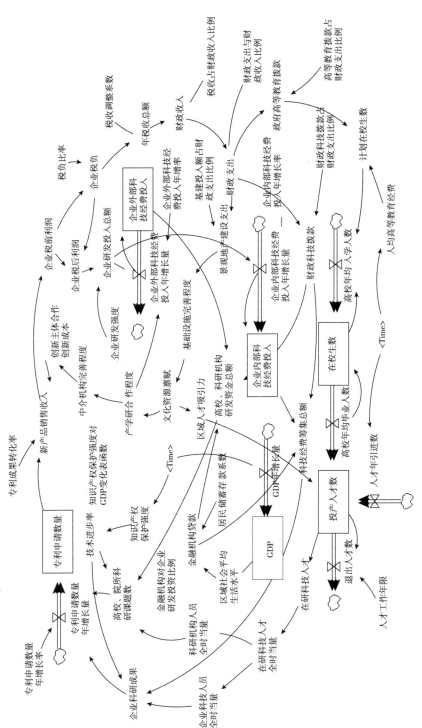

图 8-11 系统动力学流图

2. 文化产业发展指标体系

通过研究以前学者对文化产业分析时采用的评价方法，本书遵从科学性、系统性、可比性、可操作性原则，建立一个能客观反映西安文化产业发展实际状况的评价指标体系。结合西安市文化产业发展的现状，通过比较国内主要城市的文化产业发展情况，重点从文化产业的投入要素（包括人力资源、资本资源、文化资源、市场资源）和效益产出（包括总体指标和分类指标）两个方面，对西安市文化产业竞争力进行尽可能全面、准确的分析和评价。所以，根据文化产业综合评价指标体系的选取原则，本书选取文化产业发展指标体系，并做如下处理。

首先，由于很多数据是不具有可比性的，或者是受到某些特定条件限制而难以获得，故将无法获得国内可比数据的指标以近似指标替代（见脚注 23 ~ 25）。

其次，将仍然无法获得可比性数据的指标去掉。原有指标劳动报酬、固定资产折旧、文化参观人数、艺术表演观众人数等指标数据获得不全，并且没有相似指标可以替代，因而将这些指标舍去。

最后，如表 8 - 6 所示，该体系包括投入和产出两级评级指标，6 个一级指标和 20 个二级指标，并将指标中的各个因素、方面和指标分别用字母进行标识，便于后文进行分析。

我们可以看到，修正后的绩效评价体系中的指标有所简化，但经过模型调整后仍能达到评价分析的目标。投入指标具体分解如下：

（1）人力资源指标：文化产业的人力资源投入，不仅包括具备基础知识和操作技能的人员，更应包括掌握专业知识和创新技能的高素质人才。为此，本书选取"高校毕业生数"指标来衡量文化产业人力资源投入水平的高低，选取"专业技术人员数"指标来衡量文化产业人力资源使用情况。

（2）资本资源指标：文化资源禀赋的挖掘提升、文化产业的技术创新、文化产业物质基础投入等，不仅需要大量社会资本作为投资后盾，还需要国家和地方政府产业政策的引导和支持。因此，本书选择文化产业"固定资产投资""财政鼓励创新拨款数""政府环境保护支出"及"教育支出"四个指标来衡量投入到文化产业的资本规模。

表 8-6　文化产业发展指标体系

投入评价指标体系		产出评价指标体系		
一级指标	二级指标	一级指标	二级指标	
人力资源	专业技术人员数 X_2（人）	总体指标	文化产业增加值 Y_2（万元）	
	高校毕业生数（人）		技术市场成交额（万元）	
资本资源	固定资产投资① X_3（万元）		专利数 Y_3（个）	
	财政鼓励创新拨款数② X_5（万元）	图书报刊产业	图书出版总数 Y_5（万元）	
	政府环境保护支出（万元）		报纸发行总数（万人）	
	教育支出（万元）	影视传媒产业	电影观众人数 Y_6（万人）	
文化资源	国家 A 级以上旅游景区 X_8（个）		电视覆盖人数 Y_8（万人）	
	国家非物质文化遗产数 X_9（个）	动漫游戏产业	动漫生产数量（个）	
	文物保护单位数（国家省市级）③ X_6（个）	广告会展产业	广告收入（万元）	
	图书馆藏书数量 X_7（个）	旅游休闲产业	旅游业收入（万元）	
市场资源	城镇居民人均收入 Y_{10}（万元）	演艺收藏产业	演艺收入（万元）	
	家庭文化产品消费 X_{11}（万元）		艺术品收入（万元）	

（3）文化资源指标：从形式上看，文化资源可以分为物质文化资源（如历史文化名城）和非物质文化资源（如文学艺术、风俗习惯等），实际上，还应包括可以提高消费者文化欣赏和理解水平、增加文化消费的要素投入。本书选取博物馆数、国家 A 级以上旅游景区、国家非物质文化遗产数和图书馆藏书数量四个指标，作为衡量文化资源投入规模的标准。

（4）市场资源指标：根据马斯洛的需求层次理论，居民收入水平的高低，会直接影响对文化产品的有效需求进而影响最终消费。本书选取城镇居民人均收入和家庭文化产品消费作为评价市场资源的二级指标。

产出指标分解如下：

---

① 用"文化、体育、娱乐业固定资产投资额"替代"文化产业固定资产投资总额"。
② 用"文化、体育、传媒业的财政拨款数"替代"文化产业财政拨款总额"。
③ 用"博物馆数"替代"文物保护单位数（国家省市级）"。

（1）总体产出指标：反映整个文化产业总体产出水平。鉴于每个城市的数据统计口径不尽一致，所以本书选取文化产业增加值、技术市场成交额及专利数三个指标，以度量文化产业的总体产出规模。

（2）分类产出指标：反映文化产业内的各行业之间产出的差异性，能比较各行业之间的具体产出。所以，本书选取了国内外旅游收入、电影观众人数、图书出版总数、期刊发行总数和报纸发行总数等5个二级指标。

五　系统动力学方程

系统动力学方程是在动态系统结构流程图的基础上，对系统要素之间的关系定量描述的一组数学关系式，是从一个已知的初始状态开始确定下一个状态的递推关系式。系统动力学方程一般分为水平方程、速率方程和辅助方程三种。水平方程是系统动力学的基本方程，是描述系统动力学模型中存量变化的方程。速率方程是定义一个单位时间间隔内流量形成的方程式，其实质是流量变化的自然规律或人们调节存量的决策规则。辅助方程是为了减轻状态方程和速率方程的复杂性而设立的问题分析过程。当实际决策过程或系统的演变过程较为复杂时，可以引入辅助变量，将速率方程化为几个较为简单的辅助方程来表示。本书所用方程如下：

（1）INITIAL TIME = 2012，即所选数据计算的初始年份为2012年。

（2）FINAL TIME = 2022，即所选数据计算的最终年份为2022年。

（3）区域生产总值 = INTEG（年增加值，27240800），该式表示区域生产总值的初始值（即2011年的值）为27240800万元，且区域生产总值 = Σ年增加值。

（4）人均居民收入 = 0.87 × 区域生产总值

运用Spass软件对来自《陕西省统计年鉴》中按地区分类的西安市统计数据进行统计分析得到上述结果。

（5）政府财政支出 = 0.14 × 区域生产总值

（其中，政府预算支出 = 87.34 × 政府支出；政府科技拨款 = 0.83 × 政府支出；政府教育拨款 = 11.83 × 政府支出）

表 8－7　西安市文化产业主要指标数据

年份	区域GDP（万元）	人均区域GDP（元）	区域GDP增长率（%）	年末总人口（万人）	人口自然增长率（‰）	年末金融机构贷款余额（万元）	年末金融机构存款余额（万元）	城乡居民储蓄年末余额（万元）	人均居民收入（万元）	文化产业从业人员（万人）	教育行业从业人员（万人）	事业单位科技人员（万人）	技术市场成交额（亿元）	专利成果		固定资产投资（亿元）
														申请数（个）	企业专利授权数（个）	
2003	8235000	11786	13.3	702.59	3.21	—	—	9197429	1.3341	1.76	13.65	7.32	23.46	6378	1655	664.71
2004	9416000	12233	13.5	716.58	3.81	19541838	26658682	12105607	1.5294	1.73	13.41	7.56	25.27	6659	1756	784.47
2005	10958700	14081	13.5	725.01	3.32	20523295	30616578	14328641	1.6406	1.65	13.71	7.85	27.83	7643	1894	985.00
2006	12701400	15940	13.1	741.73	5.87	21581044	35997036	35997036	1.8890	1.64	13.08	8.05	29.44	8897	2473	1258.48
2007	14736800	18089	13.1	753.11	6.32	23447729	40661579	19505281	2.2463	1.71	13.52	8.12	30.17	10997	3541	1715.68
2008	17637300	21339	14.7	772.30	5.38	26494100	45603100	19975600	2.7794	1.98	13.69	8.17	43.83	11330	4392	2155.79
2009	21900400	26259	15.60	781.67	6.95	32358414	57112700	25044100	3.2411	1.87	13.81	8.83	69.81	15570	6087	2941.63
2010	27240800	32411	14.5	791.84	6.05	75220800	44826300	30842000	3.8343	2.34	15.79	9.14	102.41	22949	10034	3157.82
2011	27241210	32658	13.4	801.33	6.15	75221300	44828506	31974000	3.2739	2.07	16.96	9.62	112.79	32227	11662	3304.96

续表

年份	税后利润	政府收入	政府支出（万元）			普通高校基本情况（万人）			研发经费（亿元）				税负（亿元）	固定资产投资（亿元）
			一般预算支出	政府科技拨款	政府教育拨款	招生数	在校生数	毕业生数	企业资金	金融贷款	其他	政府资金		
2002		515126	488702	1443	50449	14.70	41.16	5.16						
2003	323.55	570329	618703	1155	67350	16.84	49.97	7.98	32.09	2.96	5.02	69.24	6271.94	504.3
2004	504.08	648037	723723	1479	102179	19.98	58.39	11.10	38.37	3.43	5.24	86.98	7779.25	589.4
2005	798.17	717157	757623	1431	80289	20.89	66.69	14.06	41.25	3.97	5.78	88.23	8107.64	631.2
2006	819.26	730543	978166	1872	123080	21.91	72.62	16.23	49.74	4.03	5.94	96.14	8297.29	674.9
2007	843.55	858854	1192193	1877	168171	24.36	77.65	19.55	54.83	4.88	6.09	105.83	8779.25	712.8
2008	923.59	1129189	1612536	23556	257324	27.64	83.97	21.73	61.70	5.73	6.12	110.97	11175.63	762.2
2009	1261.97	1456087	2269897	23240	329031	27.30	89.37	21.20	66.77	5.03	7.00	115.23	11536.84	943.7
2010	1438.82	1813992	2768502	38080	392412	27.44	92.78	23.55	76.73	5.98	9.65	131.00	12843.54	1159.5
2011	1669.86	1731146	2400763	36603	300409	29.24	95.07	25.32	97.77	6.67	9.96	141.44	16769.64	1289.7

以下是《中国统计年鉴》中按照地区分类的西安市统计数据（见表 8 - 8）。

表 8 - 8　西安市历年 GDP 统计表

单位：万元

年　　份	GDP	政府财政支出
2003	8235000	687208
2004	9416000	827381
2005	10958700	839343
2006	12701400	1103118
2007	14736800	1362241
2008	17637300	1893416
2009	21900400	2622168
2010	27240800	3198994

对上述 8 组数据运用 SPASS 进行一元线性回归分析，结果如下（见表 8 - 9）：

表 8 - 9　Model Summary

Model	R	R^2	Adjusted R Square	Std. Error of the Estimate
1	0.982	0.973	0.966	877216.043

a. Predictors：(Constant)，GDP；

b. Dependent Variable：政府财政支出。

由表 8 - 9 得知，相关系数 R 为 0.982，决定系数 R^2 为 0.973，调整可决系数为 0.966，模型拟合效果较理想。

表 8 - 10　ANOVA

Model	Sum of Squares	df	Mean Square	F	Sig.
1　Regression	1E + 014	1	1.388E + 014	179.874	0.000ᵃ
Residual	5E + 012	7	7.717E + 011		
Total	1E + 014	8			

a. Predictors：(Constant)，GDP；

b. Dependent Variable：政府财政支出。

可以从方差分析表（见表 8 - 10）中看出，离差平方和为 1E + 014，残差平方和为5E + 012，回归平方和为 1E + 014。回归方程的显著性检验中，统计量为 F = 179. 874，对应的置信水平为 0. 000 < 0. 05，因此方程式显著。

表 8 - 11   Coefficients

Model		Unstandardized Coefficients		Standardized Coefficients	t	Sig.
		B	Std. Error	Beta		
1	（Constant）	214479. 8	512382. 7		0. 325	0. 583
	GDP	0. 140	0. 011	0. 980	12. 443	0. 000

通过对该表分析可见常数项和自变量"GDP"置信水平分别为 0. 583 和 0. 000，说明常数项不显著可剔除；而自变量的系数显著（见表 8 - 11）。

进一步的，运用 Excel 对 2003 ~ 2010 年财政支出构成的 8 组数据进行统计分析，发现存在如图 8 - 12 所示的数据关系：

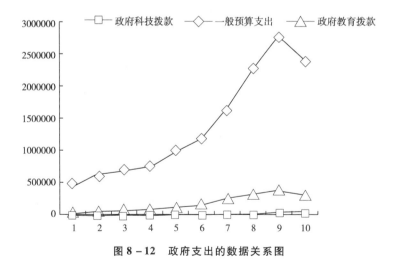

图 8 - 12   政府支出的数据关系图

所以，政府预算支出 = 87. 34 × 政府支出；政府科技拨款 = 0. 83 × 政府支出；政府教育拨款 = 11. 83 × 政府支出。

（6）文化产业集聚收益 = ACTIVE INITIAL [0. 197 × （专利申请数

量) - 创新主体合作创新成本，1982.96]，该式表示 2011 年西安市文化产业总收入为 1982.96 亿元。

（7）专利申请数量 = INTEG［EXP（专利申请量的对数），32227］，即专利申请量的初值为 32227 件。

（8）专利申请量的对数 = 文化创新氛围影响系数 × 0.3412 × ｛[0.134 × ln（企业科技经费筹集总额）+ 1.2824 × ln（政府财政科技拨款）+ 0.8631 × ln（金融机构科技贷款）] + 0.6588 × ln 科技人才总数｝。

该变量计算公式设计过程如下：

①运用"弹性系数模型"。模型 $y = \lambda x^{\beta_1} \varepsilon$，可变换为

$$\ln(y) = \ln(\lambda) + \beta_1 \ln(x) + \ln(\varepsilon), \tag{1}$$

令 $\beta_0 = \ln(\lambda)$，$\mu = \ln(\varepsilon)$，则

$$\ln(y) = \beta_0 + \beta_1 \ln(x) + \mu_\circ \tag{2}$$

对于多个解释变量可以拓展为

$$\ln(y) = \beta_0 + \sum_{i=1}^{k} \beta_i \ln(x_i) + \mu \tag{3}$$

定义该模型中解释变量的系数 β_i 表示因变量 y 随自变量 x_i 变化的变化比率，则

$$\beta_i = \frac{\partial \ln(y)}{\partial \ln(x_i)} = \frac{\partial y/y}{\partial x_i/x_i} \tag{4}$$

所以该模型体现了多元弹性系数特征，β_i 称为偏弹性。当然，为避免自相关性的影响所带来的误差，假定其他变量保持不变，专注于考察因变量 y 在解释变量 x_i 变动下的变化比率。

通过本书建立的文化产业集聚的系统动力学流图模型可知，影响"专利申请量对数"的主要因素有：企业研发投入总额、高校和科研机构研发资金总额、政府对科技中介的投入、科技人才总数，以及整体环境下的创新氛围影响系数。因此，运用弹性系数模型在变量间建立模型，假设模型的形式为：

$$\ln(y) = \beta_0 + \beta_1 \ln(x_1) + \beta_2 \ln(x_2) + \beta_3 \ln(x_3) + \beta_4 \ln(x_4) + \mu \qquad (5)$$

其中 $\ln(y)$ 代表"专利申请量的对数"；x_1 代表"企业研发投入总额"；x_2 代表"高校和科研机构研发资金总额"；x_3 代表"政府对科技中介的投入"；x_4 代表"科技人才总数"；μ 代表系统残差。

②对因变量和四个自变量的统计数据进行取对数处理后，运用 SPASS 进行分析，具体过程同上。

③根据美国经济学家"索洛余值"的概念，对于经济增长的源泉，可以通过增长核算的方法来认识。即：把企业产出的增长视作两个不同来源（生产要素的增加和技术进步），当生产要素仅包括资本和劳动时，则增长核算方法把产出的增长分解为资本增加（k）、劳动投入（l）和技术进步（A）三个来源。因而本书在企业产出的总增长中，扣除由于 l、k 增加对产出（y）所作的贡献后的"余值"来衡量技术进步贡献，表示为：

$$A = y - \alpha \cdot k - \beta \cdot l \qquad (6)$$

式中：k 表示资本增长速度；l 表示劳动力增长速度；α 表示资金产出弹性系数；β 表示劳动产出弹性系数。

由 $\alpha + \beta = 1$，则 $y - l = A + \alpha \cdot (k - l)$，设

$$y' = y - l; k' = k - l; 则 y' = A + \alpha \cdot k' \qquad (7)$$

运用陕西省 2002～2011 年的 GDP、资本、劳动力等相关数据，经回归分析得到相应比例为 $\alpha = 0.3412$，$\beta = 1 - 0.32 = 0.6588$。

（9）技术进步率 = 知识产权保护强度 × 10/（Time - 2000）

（10）知识产权保护强度 = WITH LOOKUP｛TIME，[（0，0）-（4000，10）]，（2011，0.71），（2012，0.73），（2013，0.76），（2014，0.81），（2015，0.85），（2016，0.88），（2017，0.91），（2018，0.92），（2019，0.94），（2020，0.95），（2021，1）｝。

（11）企业税负比率 =（销售毛利 × 17%）/销售收入 = 2.5%。

（12）企业科技经费筹集总额 = 企业内部科技经费投入 + 政府对企业研发投入的比例 × 财政科技拨款 + 金融机构研发投资比例 × 金融机构贷款。

（13）企业内部科技经费投入 = 企业研发投入总额 - 企业外部科技经费投入。

（14）企业研发投入总额 = 企业研发强度 × 企业税后利润。

（15）高校、科研机构研发资金总额 = 企业外部科技经费投入 + 政府对企业研发投入的比例 × 财政科技拨款 + 金融机构研发投资比例 × 金融机构贷款。

（16）企业对合作创新的投入 = 企业对合作创新的投入强度 × 企业的研发投入总额。

（17）科技活动人员总数 = INTEG（年度人才增长数 - 年度人才流出数，96200），该式表示企业 2011 年的科技活动人员总数为 96200 人。

（18）年度人才流出数 = 科技活动人员总数 × 人才流出率。

（19）人才流出率 = 1/（创新氛围影响系数 + 1）。

（20）年均人才增长数 = 政府教育拨款所占比例 × 政府教育拨款 + 政府基础设施建设所占比例 × 政府基础设施建设投入 + 20700，该式表示文化产业 2011 年的科技活动人员初值为 20700 人。

（21）创新氛围影响系数 = 0.073 × ln（政府对营造创新文化的投入）+ 0.33。

（22）政府对营造创新文化的投入 = 政府对营造创新文化的投入强度 × 政府的财政支出。

第九章 "嵌入型"文化产业集群演进仿真

第一节 文化产业集群的系统动力学仿真：基于曲江数据

一 指标选取及变量确定

曲江新区是陕西省人民政府于 1993 年批准设立的西北唯一的省级旅游度假区。2002 年 8 月，《曲江宣言》发表，这是曲江文化自觉、走向世界的里程碑，曲江开始了全新的创业历程。2003 年 3 月，西安市人民政府批准《西安曲江新区战略构思和发展规划》，"西安曲江旅游度假区"更名为"西安曲江新区"，曲江被定位为以盛唐文化为特色，集旅游、居住、休闲、会展、商贸、科技等功能于一体的城市发展新区，以及中国西部重要的游客集散地、旅游中心和文化中心。2006 年 5 月，第一批国家级文化产业示范基地隆重授牌，西安曲江文化产业投资集团被文化部授予"国家级文化产业示范园区"的称号。从旅游文化区到文化旅游区，再到文化产业示范园区，曲江逐步走出了自己的文化经济模式（见图 9 - 1）。

笔者选择西安曲江文化产业集群作为研究样本，出于如下考虑：

（1）基于案例研究方法研究的典型做法。Eisenhardt（1989）[337]认为，对于案例研究言，随机样本不可取。甚至有学者如 Pettigrew（1990）[338]强调，案例研究要选取典型和极端的情形，因为这样的典型案例有助于获取丰富、详细和深入的信息。

（2）基于问题导向研究的初衷。从对现实问题的思考及实际数据的收

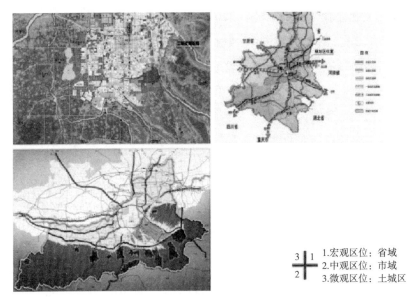

1.宏观区位：省域
2.中观区位：市域
3.微观区位：土城区

图 9 - 1   曲江文化产业园区区位图

集的角度讲，本书作者对西安曲江文化产业集群既有地理接近又有关系接
近的优势，从而可以更近距离进行观察和了解西安文化产业发展的历史
过程。

本书结合曲江开发区文化产业发展现状，以西安市相关基础数据对模
型参数赋值，数据主要来自《中国统计年鉴》（2003～2011），《陕西省统
计年鉴》（2003～2011），《曲江新区 2003～2011 年经济指标完成情况》
（包括新入区项目数、固定资产投资、房地产项目销售收入、实际利用引
用外资等）。我们分别在 2 个阶段（2011 年 6 月和 2012 年 8 月）对相关政
府部门、集群内企业等进行了访谈，并收集了大量文字和数据资料。在数
据收集和分析时谨遵案例研究的通用原则、方法（Yin，1994；Eisenhardt，
1989；Pettigrew，1990），注意参考借鉴 Plowman 等人（2007）的经典案例
研究程序。根据访谈中受访对象对开发区企业绩效的理解，我们将考察指
标分为"企业产出禀赋"和"人力资源特征"部分。其中，企业特征包括
进驻开发区的动因、企业规模、与上下游企业关系、人力资源状况以及产
业升级改造经验及经营效益；经营者特征涉及经营能力及其影响因素的考
察。被调查的曲江开发区企业截至 2011 年 12 月，累计入区文化企业达

1648 家，文化企业注册资本突破 320 亿元，从业人数 3 万余人，实现文化产业产值 120 亿元，文化产业增加值 25 亿元。目前，已形成覆盖会展、影视、演艺、出版等 15 个门类的全文化产业链，文化产业、文化事业和城市建设并举，文化与科技、资本甚至更高层面的体制机制创新深度融合，文化产业聚集成效显著。

问卷主要针对西安曲江企业中高层管理人员和技术主管发放，企业涉及文化产业的所有门类。共发放问卷 375 份，回收 218 份，回收率为 58.1%，其中有效问卷 197 份，有效率 90.4%。在 197 个有效样本中，企业注册资金共计 143636.8 万元。其中，影视类 26 户、会展类 4 户、出版发行类 8 户、演出类 1 户、设计服务类 18 户、网络科技类 13 户、旅游类 17 户、广告传媒类 47 户、文化艺术类 21 户、其他 42 户。注册资金在 100 万元以下的 69 家，100 万~500 万元的 68 家，500 万~1000 万元的 36 家，1000 万元以上的 24 家。以下从地理租、组织租及产业租采集调研数据。

1. 地理租

（1）资源

曲江，兴起于秦汉，繁盛于隋唐，被誉为中国古典园林的先河，是建筑、园林、绘画、诗歌、宗教等汇聚的"盛唐气象"典型代表。秦时曲江称"陔州"，意为临水的长洲。汉时建有皇帝行宫"宜春苑"，"因其水曲折，形似广陵之江"，便有"曲江"的美称。唐时，被辟为皇家园林，引终南山的水源，扩充出千亩水面，建有芙蓉园、杏园、紫云楼、汉武泉、青龙寺、大慈恩寺和大雁塔等诸多景观，楼台亭阁绵延不绝。

曲江新区亦拥有丰富的人文资源。曲江新区内历史遗存丰富，周秦汉唐文化都在曲江留下了鲜明的印记，始建于唐代的大慈恩寺和大雁塔是曲江的文化标志，诸多文人墨客都在曲江留下著名诗篇，同时曲江还是"红叶题诗""寒窑故事""元白梦游""雁塔题名""曲江流饮"等多个千古流传的文化典故的发生地。曲江新区内有 4 个国家级文物保护单位（大雁塔、青龙寺、汉宣帝杜陵、唐长安城遗址）、3 个省级文化保护单位（秦二世陵、曲江池遗址、唐城墙遗址）和数十个有史可考的文化遗址和民间文化传说发生地。

2002年以来，曲江新区依托西安大文物、大文化、大旅游的优势，以资源整合为手段，以《曲江新区区域环境规划》为蓝本，开展系统的生态环境建设，先后建成了大雁塔北广场、大唐芙蓉园、曲江池遗址公园、唐城墙遗址公园、唐大慈恩寺遗址公园等集历史遗址保护、园林绿化、水系景观于一体的生态绿地公园，恢复了1000亩的曲江湖面，基本形成了曲江新区"一心、两带、四轴"的生态格局（见图9-2）。

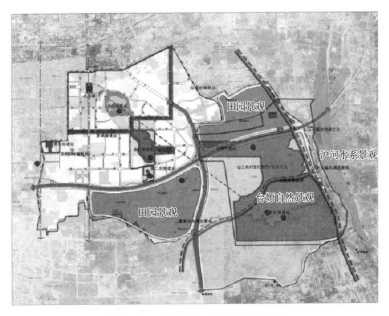

图9-2 曲江文化旅游要素分析图

（2）环境

截至2010年底，曲江新区共筹集近60亿元投入新区路网建设，并投入近39亿元用于绿化美化生态环境的工程，建成绿地210.46公顷，公共绿地面积人均32.9平方米，以国家级生态区标准衡量，空气、噪声、水质均已达标，生活污水和垃圾集中处理率达到100%。全区太阳能照明等节能示范工程、雨水综合利用等节水示范工程都在有计划地推广。

2. 产业租

发展文化产业是曲江新区实现可持续发展的重要支撑，而大集团引领是发展文化产业的具体途径。曲江新区先后组建了6个较大的文化产业集团，基本涵盖了文化产业主要门类（见图 9-3）。

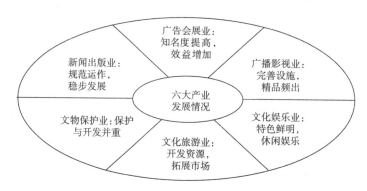

图 9-3　曲江文化产业六大重点产业

以成立于 1995 年的曲江文化产业投资集团为例，它是由西安曲江新区管理委员会投资设立的大型国有独资公司，2009 年，集团被中国企业联合会评为中国服务业 500 强企业之一。现在，集团下辖全资子公司共 11 个，包括西安曲江影视投资有限公司等；4 个控股企业，分别由西安曲江大秦帝国文化传播、西安曲江国际会展投资控股有限公司等组成。成立以来，陕文投积极开展项目投资、资本运作，相继启动了西安文艺路演艺基地、延安红色旅游、韩城古城文化板块建设项目。实施创办中西部最大的书画艺术品交易中心、全国高端文物复仿制中心、西安电视剧版权交易中心、西部最大的电视剧制作中心等四大中心，并主要投资或参与投资了多部影视作品。2009 年以来，累计完成投资 56 亿元，实现收入 20 亿元，实现利润 2 亿元，贡献税收 1.2 亿元。集团总资产由组建之初的 6000 万元增加到 164 亿元，成长为西部最大的文化产业集团，构建了以文化旅游、影视、会展、出版、演艺、地产为核心的文化产业集群。

曲江新区借助大型文化集团引领，通过制定优惠政策、提供创业服务等方式鼓励文化企业入区。在产业集聚过程中，曲江新区采取了"大小兼容"的运营手段。"大"即吸引国内外文化产业的行业龙头，发挥带动作用，包括巨人集团、新华集团、华侨城集团、陕西省广电集团等均有望入驻曲江，计划吸引 50 家大中型文化企业集团入区，形成 3 家以上年产值超过 100 亿元的核心企业，实现园区文化产业主营年收入超过 300 亿元；"小"即起到文化产业孵化作用，快速聚集文化企业，曲江新区依托10万平方米的曲江文化大厦等文化产业孵化中心，形成了曲江创意文化产业聚集区。

目前，曲江新区形成了以文化旅游为主导产业，包含文化产业核心层（影视传媒、文艺出版、国际会展），外围层（网络文化、文化休闲及其他文化服务）及相关层（文化用品、设备及相关文化产品的生产和销售）等多门类的文化产业集群，文化产业发展的合力日益凸显。截至2010年6月，曲江新区成功吸引了600多家文化企业。2010年1～6月，曲江新区固定资产投资125.8亿元，同比增长34.2%；财政收入3.29亿元，同比增长53.9%；实际利用外资1.01亿美元，同比增长70.1%；实际引进内资55.3亿元，同比增长41.1%。

鉴于受访者为西安曲江企业中高层管理人员和技术主管，按其经验性划分，结合访谈记录和收集的图表数据中对曲江文化产业集群发展环境变迁的描述，本研究将集群发展初定为三个阶段。进一步的，本研究从集群企业规模（Pietrobelli，1998）[339]、技术成果转化效率和文化产业集聚收益（Tushman & Romanelli，1994[340]；周雪光，2003[341]）三方面对集群发展情况进行定量分析，并采取了如下划分标准：若在某一时点上同时发生了较大变化的变量为两个，即可认定该时点为发展的拐点。

在此基础上，我们将2005年和2009年认定为集群发展的两个拐点，并以这两个拐点为依据将集群发展划为3个阶段：2003～2005年为集群产生阶段，2006～2009年是集群成长阶段，2010年至今为集群成熟阶段。我们还将该阶段划分结果反馈给两位资深业内专家，他们一致认同阶段划分的可靠性。

3. 组织租

（1）生态景观投资建设

表 9 - 1　曲江文化产业集群发展大事记

• 2005年，投资5亿元建成大雁塔北广场
• 2005年，投资13亿元建成大唐芙蓉园
• 2005年，投资3亿元建成曲江海洋馆
• 2006年，投资10亿元，开工建设秦二世陵、唐城墙、曲江池以及寒窑遗址公园

续表

- 2006 年，投资 10 亿元，开工建设曲江电影城、西安音乐厅、西安歌剧院、陕西现代艺术馆等公共文化场馆
- 2007 年，投资 50 亿元建设大唐不夜城项目
- 2009 年 5 月，一期总投资 30 亿元，规划面积 13 平方公里的法门寺佛文化景区建成开放
- 2009 年，预计总投资 120 亿元建设曲江新扩区域，2015 年完工
- 2009 年，预计总投资 800 亿元开发临潼国家旅游休闲度假区，2014 年建成
- 2010 年，投资 120 亿元，占地 3.5 平方公里的大明宫国家遗址公园建成开放
- 2010 年，以曲江文化大厦、创意大厦、曲江文化产业孵化中心三大建筑体为核心，面积达 20 万平方米的曲江文化创意产业聚集区建成
- 2010 年，面积达 8 万平方米的曲江文化娱乐商业聚集区建成
- 2010 年，曲江会展产业聚集区建成
- 2010 年，以唐市和曲江池 12 万平方米商业建筑为核心的曲江当代艺术产业聚集区建成
- 2011 年，总投资 80 亿元，规划面积 29.38 平方公里的西安楼观道文化展示区初步建成
- 2012 年 11 月 28 日，西安曲江雁翔路国家级文化产业聚集区（QCIC）开工奠基

（2）文化产业融资政策

表 9 - 2　曲江文化产业集群政府政策

- 2003 年，注册登记人员实行"首接负责制"，自企业与曲江新区管委会签订协议之日起为其服务
- 2003 年，管委会招商局、文化局、经发局、律师办等八部门建立"季联席会议制度"
- 2004 年，由登记人员与注册资本 1000 万元以上的入区企业建立"一对一"跟踪服务机制建立
- 2005 年，与辖区企业建立联系，鼓励大学毕业生到曲江新区创业、发展
- 2005 年，全方位提供政策咨询和法律援助
- 2005 年，实行税收优惠制度①
- 2005 年，执行优惠房租补贴②

---

① 对国家政策鼓励的新办文化企业，自工商注册登记之日起，免征三年企业所得税；对文体类企业按照最低税率标准 3% 征收营业税；对高新技术类文化企业，按 15% 税率征收企业所得税；对个人著作权转让免征营业税。
② 凡在曲江新区注册登记的影视、演出等文化企业，年营业收入不低于 1000 万元的，或是在国内外具有知名文化品牌的机构或行业协会，或是经认定的知名人士在区内注册的文化工作室，可优先提供办公场所，100 平方米以内免收三年租金，超过部分，租金补贴 50%；其他文化企业，按其租用的办公场所面积给予一定比例的房租补贴。

续表

- 2007 年，设立曲江文化产业扶持基金①

- 2008 年，对重大项目采取提前介入、点对点服务，延伸和巩固跟踪服务机制

- 2013 年，增加曲江文化产业投资担保公司注册资金至 4 亿元，使其可为文化企业授信额度达 40 亿元

- 2013 年，设立曲江文化产业发展基金

二 系统仿真

1. 模型参数值及初始条件

在对企业间关系数据的处理上，基于因果关系模型，利用反馈、调节及控制原理进一步设计系统行为演进路径，并借助 VensimPLE 软件计算处理访谈资料和所获图表数据，运用系统动力学流图进行仿真，并进一步绘制曲江文化产业集群网络结构图以实现结果的可视化。

2. 检验模型有效性

一般而言，检验方法有历史检验与理论检验两种。比较下来，理论检验将弥补历史检验需要各种历史统计数据的遗憾，而对系统内部函数拟合关系的严格论证及定性因素（专家访谈、政策预期）的合理引入，将适用于本书系统运行过程的理论检验。本研究数据获取途径多样：档案资料、统计数据、专家访谈等均为数据来源，通过对数据的三角测量（triangulation of data）来保证研究的信度，同时，我们也采取多种方法来分析数据，如主题分析、内容分析和网络分析。研究过程中还与曲江管委会相关政府部门人员讨论研究思路，复核相关数据、内容细节并征求意见，并进一步对研究做了完善。研究以 2005 年为基准年，2006～2010 年为检验年，验证模型的有效性。研究用 Vensim 软件运行西安文化产业集聚系统模型，结果如表 9 - 3 ~ 表 9 - 5 所示，真实值与模拟值拟合效果很

---

① 曲江文化产业扶持基金倾力支持文化产业发展，尤其是对文化产业项目、重大文化设施建设中的新兴文化产业、外向型高科技含量文化产品的生产给予财政补助、贷款贴息，资金由曲江新区财政拨付。2007 年资金额度为 3000 万元，2009 年专项资金额度为 7000 万元，根据区内文化产业发展情况额度逐年递增，直至占曲江新区财政年度预算支出的 30%。

好，见图9-4~图9-6所示。

表9-3　在研科技人才数量模拟值与真实值比较

年　份	真实值	模拟值	误差值	误差率（％）
2005	16512	16973	461	2.79
2006	16424	16675	251	1.53
2007	17128	17786	658	3.84
2008	19786	19243	-543	-2.74
2009	18723	17452	-1271	-6.79
2010	23359	22769	-590	-2.53

表9-4　财政支出模拟值与真实值比较

年　份	真实值	模拟值	误差值	误差率（％）
2005	839343	830510	-8833	-1.05
2006	1103118	1100287	-2831	-0.26
2007	1362241	1301427	-60814	-4.46
2008	1893416	1993376	99960	5.28
2009	2622168	2722212	100044	3.82
2010	3198994	3077835	-121159	-3.79

表9-5　文化产业集聚创新收益模拟值与真实值比较

年　份	真实值	模拟值	误差值	误差率（％）
2005	79842	78765	-1077	-1.35
2006	84355	85231	876	1.04
2007	90817	91296	479	0.53
2008	97764	100992	3228	3.30
2009	104692	109987	5295	5.06
2010	176403	170823	-5580	-3.16

　　基于以上分析并配合"曲江文化产业集聚网络图"（见图9-7），说明笔者所建立的系统动力学模型的模拟结果与现实中文化产业集聚发展的特征基本相符，可以通过模型的有效性验证。

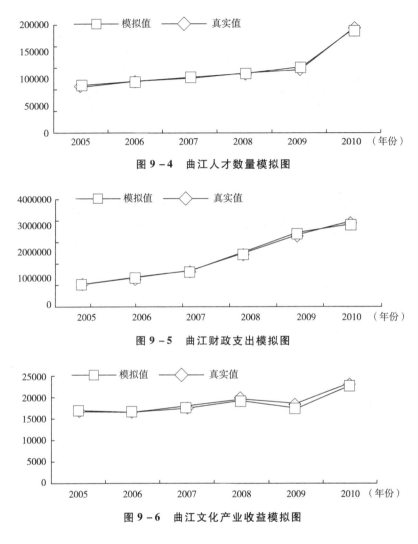

图 9 - 4 曲江人才数量模拟图

图 9 - 5 曲江财政支出模拟图

图 9 - 6 曲江文化产业收益模拟图

3. 因素作用强度分析

下面假设影响合作发展的各主体（政府、企业、金融机构）投入强度分别增加1%，通过模型仿真模拟，主要绩效评价指标的输出结果如图9 - 8所示。

由图9 -8可以看出，政府投入通常肩负着激发区域经发展活力的重任，通过降低在孵企业营运成本，提供便利资源和适度监督，间接实现了对合作的投入，说明政府对集群合作建立的引导与促进作用至关重要，其对文化产业集群内企业发展的支持构成三方合作中重要的外部投入，其投

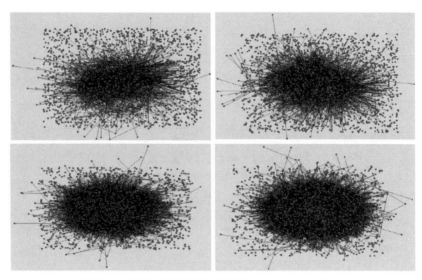

图 9 – 7   曲江文化产业集聚网络（2007～2010 年）

（资料来源：西安文化产业数据库。图中自左上、右上、左下、右下依次为曲江 2007 年、2008 年、2009 年、2010 年文化产业集群网络结构。）

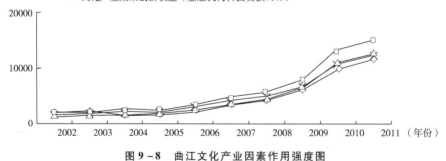

图 9 – 8   曲江文化产业因素作用强度图

入强度的变化对经营优化绩效与网络优化绩效的影响最为显著；群内企业作为合作的直接参与者与受益者，通过自身经营优化与同外界的网络演化进行集群发展演绎。

4. 系统仿真运行分析

变量初值代表了西安曲江文化产业园区集成创新支持体系的初始状态，需根据不同的实际初始情况输入初值，进而利用仿真过程中变量选代结果反映产业集成创新的变动趋势。选取该地区 2012 年的统计数据作为状态变量的初始值,辅助变量初始值取该地区的平均值。取 INITIAL TIME = 2012,FINAL TIME = 2022,TIME STEP = 1,输入变量初始值并将文化产业集聚创新收益、创新氛围影响系数、科技活动人员总数和专利数量四个变量作为输出要素值,预测文化产业园区未来关键变量变动趋势特征如图 9 - 9 所示。

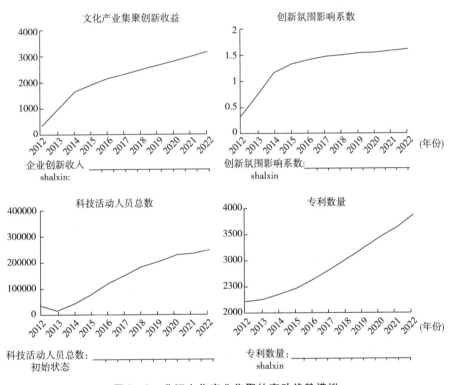

图 9 - 9 曲江文化产业集聚的变动趋势模拟

第二节 仿真结果分析

一 仿真结果分析

从图 9 - 9 的模拟结果可以看出,未来十年集群演进呈现如下特点:

(1) 文化企业创新收入在经历了初期的快速增长后增速将渐趋平缓,

这是由于资源承载力的有限性逐渐凸显、市场竞争结构的日益加剧,随着文化企业规模的不断扩大,造成集群创新资源紧缺、创新活动边际收益逐渐减小的趋势;而且随着集群由成长演进到成熟阶段,集群容易产生"锁定效应",文化企业创新动力逐渐减弱。这意味着,政府应善于不断发现文化产业在特定阶段新的增长点,审时度势地加以引导,鼓励企业不断开拓创新,由传统文化产业向新兴文化产业转型,实现产业租与组织租的双赢格局,在政企双方对未来无限次重复博弈的理性预期中稳固集群规模,使文化产业成为区域经济新增长引擎。

(2)文化创新氛围影响系数总体将呈上升趋势,其演变轨迹决定了文化企业创新收入增加的最终速度。类似于边际产量的最初迅速增加会快速提升总产量的经济学原理,文化创新氛围影响系数,主要表征的是文化产业集聚收益与创新动力的变化趋势:初始阶段创新系数增加较快使集聚收益迅速扩大,后期创新系数增速趋缓则集聚创新收益缓慢增长。说明集群内文化企业要扩大产出应该注重创新氛围的培育。

(3)文化产业科技活动人员总数或虽经历"低谷"后总体将呈上升趋势,主要表征的是文化产业集聚能力和集聚创新绩效的变化关系。其中,由于创新氛围对区域人才吸引的作用存在一定的时滞性,导致初期人才总数稍有流失,而之后呈现稳步上升趋势。

(4)文化产业专利数将呈迅速上升趋势。这是由于文化产业本身具有以创意为投入要素的知识密集型产业特性,主要蕴藏在专家、技术人员大脑中的缄默知识会随着空间距离的接近实现传播与获取。受知识产权保护政策实质性的影响,在突破技术、人才和资金的瓶颈之后,集成创新效应开始凸显,区域产业步入集聚创新发展的良性轨道。但专利数的高速增长期滞后于企业创新收入与创新氛围影响系数,这是因为创新主体的集聚创新动力会在创新氛围影响下产生知识成果转化,相对于企业对研发与合作的投入以及政府对创新文化的投入都是具有延时性和滞后性的。因此,企业和政府都应立足于长远发展,加大对有发展潜力的、战略性新兴产业的投入;避免"盲目模仿、跟风创新现象",防止由短视创新行为而造成的创新资源的浪费以及区域经济的非可持续发展。

二 进一步解释

结合近年来中国文化产业园区实践状况来看，中国文化产业投资制度变迁总体趋势，是政府引导下通过产业投资监管制度来规范国家整体的文化产业投资行为。受威廉姆森式的专用性资产投资约束[342]，进驻开发区企业因退出成本过高而能保持长期集聚；中国地方政府承诺的可置信性也基于重复博弈的声誉，以及长期的就业和 GDP 收益的约束机制得以增强，即政府同样存在退出障碍。曲江文化产业集群的形成确立了政企之间的无限次重复博弈态势，加上政府的政策优惠承诺在一定时期内尚可置信，则开发区企业就具有非开发区企业所没有的规模经济优势，文化产业孵化所需的激励相容的可持续性增长模式由此构建、形成。中国改革开放的重要经验是政府"规划协调之手"角色的重新定位，远超过亚当·斯密的"看不见的手"给政府派定的"守夜人"角色，因为守夜人只看护有产者的财产，无须顾虑穷人的就业和脱贫。劳动分工的发展使社会协调的任务远比亚当·斯密的工场手工业时代复杂。夕阳产业的利益集团往往用政治经济和法律手段阻挠新兴产业的发展，全球化时代的不平等竞争也使发展中国家的赶超需要民族国家的支持，技术革命的创造性毁灭使夕阳产业的结构转型矛盾尖锐，科学技术的加速使市场监管或引导往往落后于市场发育，知识经济的共享特性使对私有产权的保护日益局限。中国地方政府在扶持产业调整、创造就业和技术创新上，扮演了组织者、协调者和催化者的角色，中国中央政府在改革开放中利用宏观调控和地区协作，承担了企业和地区创新实验的社会保险，大大降低了内资和外资企业的启动风险。研究表明，包括制度实施效率在内的契约环境改善是地区文化产业结构调整和完善的重要前提。证明如下：

$$\omega_{gb} = \left[\Psi_g(\theta_g, \hat{\eta}_m) / \Psi_b(\theta_b, \hat{\eta}_m) \right]^{[1-\alpha]}$$

在给定两个地区（g, b）的制度实施效率 $\theta g > \theta b$ 的情况下，由于 $\frac{\partial \psi}{\partial \theta} > 0$，因此有 $\psi g (\theta g, \eta m) / \psi b (\theta b, \eta m) > 1$，于是给定地区 b 契约制度

实施效率水平 $\bar{\theta}_b$，有 $\dfrac{\partial}{\partial \Delta \theta}\left(\dfrac{\Psi_s\ (\theta_s,\ \eta_m)}{\Psi_b\ (\theta_b,\ \eta_m)}\right)\Big|_{\theta_b=\hat{\theta}_b,\Delta\theta=\theta_g-\theta_b} > 0$；

而由于 $E\pi_j = \psi_l(\theta_l,\ \eta m)(\alpha/\omega)^{\alpha/1-\alpha}A_j^{\ 1/1-\alpha}-\omega_l f$，则

$\partial^2 E\pi/\partial\theta\partial\eta m > 0$，因此，这也意味着 $\partial^2\psi/\partial\theta\partial\eta m > 0$，于是在给定情况

下有：$\dfrac{\partial}{\partial \eta_m}\left(\dfrac{\Psi_s\ (\theta_s,\ \eta_m)}{\Psi_b\ (\theta_b,\ \eta_m)}\right)\Big|_{\theta_b=\hat{\theta}_b,\theta_g=\hat{\theta}_g} > 0$。

由于资源禀赋多寡造成的地区要素价格差异性，给定要素相对价格 $\omega_{gb} > 1$，于是存在一个产业集聚密度 $\hat{\eta}_m$ 使得当 $\eta m \geqslant \hat{\eta}_m$ 时，$\omega_{gb} \leqslant [\psi g\ (\theta g,\ \eta m)\ /\psi_b\ (\theta b,\ \eta_m)]^{(1-\alpha)}$，根据命题，企业选择在地区 g 投资；而当 $\eta m < \hat{\eta}_m$ 时，$\omega_{gb} > [\psi g\ (\theta g,\ \eta m)\ /\psi_b\ (\theta b,\ \eta_m)]^{(1-\alpha)}$，根据命题，企业选择在地区 b 投资。即契约制度实施效率高的地区越容易吸引投资，成为潜在产业聚集密度越高的区域。

以上证明解释了契约制度实施效率与文化产业区位选择现象之间的重要关系，在垄断竞争模型中，文化产业内的企业在垄断竞争假设下，虽然企业生产产品存在差异，但所有企业的生产行为实际上是一致的，都取决于企业所在的文化产业的固定特征，因此，上述关于文化产业区位选择的结论可以推广到产业层面，该推论意味着：契约制度实施效率高的地区越能吸引产业投资，或者说文化产业区位选择受契约制度实施效率的影响，最终文化产业园区将集中分布在契约制度实施效率较高的地区。

第五篇　文化产业集群
发展路径

第十章 "嵌入型"文化产业集群的创新发展

第一节 "生态景观"驱动型区域文化产业集群发展战略

随着陕西省文化产业园区和基地建设创新实践的不断深入，其示范、带动、窗口和辐射作用日益显现，有效地推动了陕西省文化产业的整体实力和竞争力，为陕西省经济和社会发展作出了重要贡献。目前，陕西文化产业的发展领域不断扩大，结构层次逐步提高，基础条件不断改善，产业规模不断增长，吸纳劳动力的能力日益增强，非公有制文化企业取得长足发展。文化产业增加值从 2006 年的 97.88 亿元，至 2011 年，全省实现文化产业增加值 374.86 亿元，较上年增长 30.2%，占 GDP 的 3.03%。按可比价格计算，陕西省文化产业增加值近 5 年来增长了 2.8 倍，年均增速 31.8%，较同期 GDP 年均增速高 16.9%。数据表明，陕西省文化产业已进入发展的快车道，在"保增长、扩内需、调结构、促改革、增就业、惠民生"中发挥了重要作用。

近年来，陕西省通过充分发挥文化资源优势，实施大项目带动战略，促进文化产业项目进入市场，实现了文化产业各主要指标的较快增长，文化产业在"保增长、扩内需、调结构、促改革、增就业、惠民生"中发挥了重要作用。作为政府推动文化产业措施中最具代表性的路径选择和陕西文化产业发展的一个亮点，文化产业示范园区与基地建设已成为推动陕西文化产业发展的重要载体和有效手段。通过精心策划并实施一批市场前景好、竞争能力强、辐射带动作用大的重大文化产业项目，有效地促进陕西特色文化产业集群发展。

本书认为,"十二五"时期文化作为城市发展的核心要素,西安需要切实把文化资源、文化底蕴转化为现实的文化竞争力,以协同创新发展为主题,以建设国际化大都市为目标的要求,构筑未来西安三大园区发展的崭新愿景。通过以上调查分析,我们也有理由相信,西安文化产业以园区为载体的协同创新内涵式发展,并期待着交错互补、纵横东西的新格局早日实现。因此,为达到区域"帕累托最优",需协调区域投资方向和产业空间布局。实际上,区域产业协同不仅要注重宏观制度平台,更要注重区域产业链接关系,通过链条的弥补、接通或延伸,实现区域产业链环节的优化组合。因此,需要运用规划和政策手段,合理配置区际产业链各环节,鼓励区际企业、高校及科研单位产学研联合,开发具有自主知识产权的新技术和新产品,或许比单纯强调产业的空间布局更能实现区域产业协同的目标。

一　跨越式与内涵式创新发展战略

1. 文化产业链的相互衔接

跨越式发展战略,致力于形成符合曲江、浐灞及高新区战略定位的产业集群,以实现规模效应,主要体现在集团化建设和专业园区建设方面。首先,壮大和培育曲江、浐灞及高新区文化产业集团,以跨区域大项目运作为平台,提升现有影视集团、演出集团、会展集团、文化旅游集团和大明宫投资集团的品牌实力和外部影响力,同时适时培育出版集团和动漫集团,形成本土巨型文化产业集团。其次,引进国际知名文化产业集团,实现与现有产业集团的错位发展,进而提升产业集聚区的国际化程度和国际影响力。再次,以文化产业集团为关键点,吸引大量文化企业入区,特别是借助国际知名文化产业集团的品牌效应,带动国际文化企业向曲江、浐灞及高新区流动,从而形成以文化产业集团为管理运作核心的专业化文化产业园区。

内涵式发展战略,致力于曲江、浐灞及高新区文化产业的科学发展,是与跨越式发展战略协同并进的战略安排,主要体现在吸引中小文化企业和延伸文化产业链方面。一方面，借助曲江、浐灞及高新区三大金融市场主体、优惠政策体系和支撑服务体系等体制机制优势，坚持深化文化企事业单位改革和吸引中小文化企业入区的"嵌入型"与"市场型"协同战略，形成与巨型文化产业集团的规模效应互补的创意主体和创作实体；另一方面，实现专业园区内和专业园区间的资源共享和风险分担，从而形成涵盖创意、生产、交易和消费的纵向"全链条式"产业链，以及横向的文化产品链（同一文化产品转变为不同形态文化产品的演绎产业）。

研究发现，结合曲江等文化产业园分析，它是以文化资源为依托、以产业发展为目标的综合性新型文化企业集合体，是文化产业发展的规模化、园区化突出体现。板块联动、项目集群和文化体系，目前已是国际上文化产业园区开发的成功经验，而构建完整的文化体系，则是促进并提升文化产业园区快速发展的有效路径。曲江文化产业园区根植于陕西西安深厚的文化资源，大唐不夜城与毗邻的雁塔广场、大唐芙蓉园三园拱卫，构筑起举世关注的唐文化旅游区，我们可以在文化的归属上为其找到相应的地理坐标。其中，佛文化、唐文化聚集在雁塔南、北广场，陕西民俗文化聚集在雁塔西，陕西曲艺文化聚集在雁塔东，陕西文学艺术则聚集在春晓园；此外，"丝绸之路"群雕文化坐落在唐城墙遗址公园，中国第一个文化 MALL 位于大唐不夜城。以上丰富多样的文化资产，在文化体系上一脉相承，共同构筑起一个承古开新的文化大格局。由此，可直接带动文化旅游业的发展。据统计，大雁塔北广场、大唐芙蓉园的相继开发成功，为西安旅游每年增加 300 万的游客量，旅游业的发展进一步激发了人们的引致性消费需求，通过以旅游为目的的休闲娱乐（民俗体验、影视欣赏）、购物留念（节事活动、古玩收藏）、餐饮住宿（酒店餐饮）及交通出行等系列策划，延长了游客体验式旅游时间，拉动潜在内需，弥补了景区设计建造初期的高额固定成本，边际成本在游客人数增加的情形下不断降低，此举不但满足微观经济主体的营利性目的，而且易形成规模经济，反哺政府财政；从而使政府可更好地履行中长期宏观指导规划。事实表明，现已跻身国内高端旅游景区行列的西安曲江，已成功打造为中国西部重要的文化旅游集散地，并借助项目集群和文化体系产生了巨大的集聚效应，促进了西安国际化大都市的快速发展。

2. 文化产品链的整体打造

文化整体品牌战略致力于形成具有国际影响力的文化设施、文化企业、文化活动和文化模式等，是对曲江、浐灞及高新区既有文化品牌战略的优化、提升，主要包括文化设施国际化战略、旅游文化品牌战略、文化产业品牌战略和品牌模式战略。

（1）文化设施国际化是国际大都市文化品牌的基本特征，曲江、浐灞及高新区宜实施文化设施国际化战略。首先，拓展曲江、浐灞及高新区现有的唐文化、"生态景观"、高新技术为主体的规模化、集聚化和国际化的文化设施布局，形成覆盖曲江、浐灞及高新区的完善的国际化文化设施体系；其次，以国际化文化设施为基础，举办具有国际市场、凸显西安特色、代表曲江实力的和集散国际文化人才的文化活动（比如第六届中国西部文化产业博览会于 2012 年 9 月 7 日在西安曲江国际会展中心开幕，该会自 2008 年第四届以来每两年举办一届并永久落户西安。这将是内地以西安为代表的全国地方各省市文化产业近年来崛起发展的对外展示窗口，而且必然为区域经济发展带来深远影响）。

（2）旅游文化品牌战略，是深化曲江、浐灞及高新区"文化立区、旅游兴区"理念和发挥西安"大文物、大文化、大旅游"优势的品牌战略。一是全力支持曲江、浐灞等整体申报国家 4A 级旅游景区工作，打造独具中国气派和盛唐风格的国际文化旅游景区；同时，深化推进广大项目带动战略，提升大明宫遗址保护区、法门寺文化景区、楼观台中国道文化展示区和临潼国家旅游休闲度假区的品牌影响力；二是筹划、组建和主导"关中－天水"区域旅游协作体，保护、整合区域人文历史资源、自然生态资源、红色文化资源和休闲度假资源，开发经典旅游产品，合力打造以曲江、浐灞等为核心的区域旅游品牌。

（3）文化产业品牌战略，是曲江、浐灞及高新区品牌战略的核心，主要指形成系列品牌为支撑的文化产业品牌，侧重陕西作家群、唐乐舞系列和长安画派等现代文化品牌的培育，该战略主要是依托跨越式发展与内涵式发展并举战略实现。此外，文化产业品牌战略的打造，也需要公共文化服务品牌的支撑，因此有必要将建设"国际文化社区战略"纳入彰显其产业品牌价值的补充战略，这也是对中国特色社会主义文化和谐发展属性的回应。

（4）品牌模式战略，以"曲江模式"的地域复制为目标，是提升其国际影响力的战略。具体而言，包括：坚持"以大遗址保护为契机、以资源整合为手段、以重大项目为载体"的发展思路，优化"文化资源＋文化旅游＋城市建设"的科学发展的"曲江城市运营模式"；着眼未来，以专业文化产业园区为枢纽，以巨型文化产业集团为关键点，探索形成曲江管委会、专业园区管委会和文化产业集团"三位一体"的"曲江文化产业管理模式"；坚持"以公共文化服务为先导，营造文化产业发展基础和环境"的思路，大力推进"博物馆之城"建设进程，形成深层次"事业滋养产业，产业支撑事业"的"曲江文化发展模式"。

二 跨地域与项目式创新带动战略

创新带动战略，是关于曲江新区文化产业如何与西安文化产业协调发展的战略，其本质是对"曲江模式"的复制推广，主要依托于地域辐射战略、项目推进战略和产业培育战略实现。

1. 地域辐射战略

地域辐射战略，是指曲江、浐灞及高新区辐射带动作用在地理空间上的拓展战略，是发挥其辐射带动效应的基础性战略。实施地域辐射战略，应该确定以"大西安"为核心，以"板块带动"为手段，引领关中－天水经济区，辐射西部内陆的地域推广路线，即：一方面，三大园区主导"大西安"地理空间内"重大项目"的运作开发与产业板块的集聚拓展；另一方面，以"大西安"为核心，配合西部大开发战略和"关天"经济区建设战略，介入和运作"关天"城市群重点文化产业项目，进而实现对西部内陆地区文化产业的辐射。

2. 项目推进战略

项目推进战略，是指在"大西安"空间范围内，以曲江、浐灞及高新区为项目运作主体而实施的项目推广与整合战略，是发挥曲江、浐灞及高新区辐射带动效应的手段性战略。实施项目推进战略,需要以"资源整合"为先导,以"重大项目建设"为契机,具体而言:一是全面普查"大西安"的文化资源,并建立文化资源数据库,对文化资源进行分类研究,以规划整合文化资源开发思路;二是在科学规划与整体布局的基础上,优先布局规划具有地域文化特色的重大文化项目,并依托曲江、浐灞及高新区"重大项目"运作优势,形成该区域内的核心文化产业项目;三是以区域核心文化产业项目为关键节点,进行"曲江模式"的复制移植,并全面发挥其"文化资源 + 文化旅游 + 城市建设"的优势,推动相关资源要素向核心文化产业项目周围集聚;四是大力推进"文化产业与高科技互动发展"进程,通过引进最新科技丰富发展文化资源形态和产业门类,特别是探索以国际文化创意产业区为平台,实现曲江新区与西高新、经开区的技术合作机制,培育壮大以新媒体产业、网络文化产业、动漫产业和印包产业为代表的创意文化产业门类,形成新的经济增长点。

3. 产业培育战略

产业培育战略,是指在地域辐射战略和项目推进战略基础上,形成的具有相对完整产业价值链的战略,是发挥辐射带动效应的目标性战略,以具有次级辐射作用的文化产业聚集区的形成为基本标志。实施产业培育战略,需要以"区域核心文化产业项目"为基础、以"板块带动"为手段、以"专业化文化产业园区"为目标,具体而言:一是发挥知识密集型和技术密集型优势,在打造文化品牌的同时,强化发展版权产业,实现文化产业从"输出产品"向"输出版权"的转变;二是立足文化产业园区处于初级阶段的实际,依托既有的资源优势和政策支持优势,面向国际、国内两个市场,延伸文化产业价值链条,以打造国际文化产业领袖园区为契机,实现专业化、品牌化和国际化的转型;三是依托区域核心文化产业项目,吸引资金、人才、信息和政策的集聚,特别是借助曲江文化产业投资集团、陕西文化产业投资集团和开元城市发展基金三大金融市场主体,鼓励、支持和引导非公有资本进入文化产业领域,推动核心文化产业项目与非核心文化产业项目的空间集聚;四是深化核心文化产业项目与非核心文化产业项目的产业关联,延伸文化产业链条,提升产业集聚程度,并建成专业化文化产业园区;五是围绕专业化文化产业园区的空间布局,实施差异化特色园区建设战略,避免同质专业园区的重复建设与竞争,并强化园区间互补合作关系,实现门类齐全、内容多元、模式同质的整体产业布局。

总之,地域辐射战略明确了"曲江模式"的辐射范围与层次,项目推进战略确定了"曲江模式"的辐射手段与方式,产业培育战略强化了"曲江模式"辐射的目标与策略。即:在推进曲江新区发展战略的基础上,以地域辐射战略为基础性、以项目推进战略为手段性战略、以产业培育战略为目标性战略,进而实现"曲江模式"的优化、复制与推广。

第二节 "生态景观"驱动型区域文化产业集群发展政策建议

中国的经济体制改革中,政府的强力推动是保证改革顺利进行和能量不断释放的关键。具体而言,其在引导产业集群发展中的作用在于:首先,产业集群中存在一些在一定外部环境条件下自生的生态系统,但依靠自身难以达到或需要比较漫长的时间,政府可以利用产业发展优势、顺势而为地创造条件,加以扶持;其次,产业集群同时存在负的外部性,文化产业集群依然有可能陷入"价值链低端锁定"和"网络嵌入型锁定",最终使集群陷入竞争优势弱化和成长动力衰减的僵局,政府的引导、介入可望消除这种集群负外部性。

所以,鉴于政府在"生态景观"驱动下"嵌入型"文化产业集群形成中的作用,本书简要总结并提出未来文化产业园区规划和发展对策如下:

1. 从产业集群最初培育孵化向产业集群成熟发展转变

(1) 政府应根据文化市场多样化需求,进一步完善文化产业园区与基地发展的政策法规体系,加大扶持力度,对文化企业在项目审批、土地征用、税收减免等方面给予支持。

(2) 政府应争取将文化产业设施建设用地纳入城市规划、土地利用总体规划和年度计划,在国家土地政策许可范围内,争取优先保证文化产业集聚发展用地,优先安排文化产业园区、基地和实验区建设用地。

（3）推进文化企业投资主体多元化，鼓励将金融品种更多地用于文化企业，深化文化事业单位制度改革，理顺政府与文化企事业单位的关系，将区域性优惠政策逐步从区域倾斜转向技术倾斜和产业倾斜，确保国有文化资产保值增值，加大知识产权保护力度。

（4）建立文化产业动态用人机制，创建文化产业人才交流国际化平台，建立及完善人才引进、培养、使用、分配和服务机制；加大对有突出贡献人才的奖励力度，提高高层次人才待遇，创造有利于人才脱颖而出的创新环境。

2. 由低端型文化产业园区向高端型文化产业园区转型

（1）完善文化市场服务，借助当代信息网络化条件，将金融信息服务、管理服务、医疗服务、娱乐休憩服务等综合性功能，作为文化产业园区综合性服务功能定位，建立健全文化资产评估体系、文化产权交易体系和版权交易体系，健全文化经纪代理、评估鉴定、投资等中介服务机构。

（2）政府进一步搭建项目推介平台，积极举办和参加文化产业博览洽谈会，联合推出有特色的产业项目与文化旅游艺术品展销、特色剧节目展演等宣传促进活动。

（3）加强市场监管力度，培育园区公平、公正、公开的竞争环境，保护文化经营者和消费者的合法权益及对文化资源、文化品牌、知识产权的保护；积极引导、支持建立文化行业协会，以形成行业自律机制。

第六篇　结语

第十一章　总结与展望

第一节　本研究取得的进展

"有人形容说，文化产业犹如一辆'金坦克'，它以迅雷不及掩耳之势闯开高科技的大门，配备有装载着以人类智慧的不竭油料组成的强大引擎，以网络数字般结构的坚硬履带辗过曾沧桑沉睡的文化故都，为建构理想共通的全球文化之旅开辟广阔道路。"[343] 目前，复杂适应性系统理论在集群演化中的研究还处于起步阶段，研究集中于构建集群自组织过程的分析框架，以及从特定的企业适应性行为出发，模拟企业行为及其互动结果。本研究避免了：（1）现有文献中对集群演化自下而上涌现过程更多的关注，而忽略了集群演化的背景效应（即宏观层面上集群发展对于微观企业适应性行为的影响）的事实；（2）对集群演化自组织过程的分析忽略了集群发展的一个重要特征，即集群发展的间断均衡性，相关研究结果并没有呈现出集群演化的阶段性，更没有解释企业的适应性行为如何导致了集群发展的阶段性。所以，本研究目前取得的进展如下：

首先，从《资本论》的物质产品价值创造出发，思考文化产品及其产业生产特征，在当代中国转轨经济下如何实现价值转型，从而满足社会扩大再生产的条件，应是对《资本论》物质产品生产之外的社会财富价值理论进行的批判性继承。

其次，基于对文化产业集群形成影响因素的分析，即基于新古典贸易理论、新经济地理理论、新制度经济学理论、新经济社会学理论构建了文化产业集聚影响因素的多重视角理论分析框架；结合中国实际从"生态景观"驱动型区域文化产业园区视角入手,这种切入点的选择避免了将非正式制度中所有因素对集群影响的展开论述可能导致的体系和逻辑上的混杂,不但很好地揭示了中国文化产业集群与"生态景观"驱动型区域文化产业园区之间的内在关系,也为"嵌入型"理论在中国产业集群发展应用研究开辟了一条思路。

再次,对"嵌入型"的研究凸显了三方面的特色:一是明确基于产业集群"嵌入型"特征分析集群发展与创新关系的独特角度;二是重点强调基于"嵌入型"内涵的分析;三是以中国"嵌入型"文化产业集群发展与创新提高实践为例,进行理论论证与计量分析。

最后,通过将中国区域文化产业园区的发展纳入文化产业集群的演化机制研究,摆脱了以往"原发型"模式研究范式的局限性。最终得出中国文化产业由"生态景观"驱动型区域文化产业园区向区域文化产业集群回归。

第二节　本研究的不足之处与展望

当然,在本书研究过程中,不可避免地存在一些问题,比如对区域产业集群创新发展过程的研究还有待深入,尤其对相关因素和动力间相互作用进行的理论分析尚显薄弱;同时,急需深化模型的数理研究。这些将在以后的研究工作中进行改进和补充。所以,进一步研究设想如下。

(1)后面相关研究可以从理论上进一步深入讨论文化产业投资影响因素对产业投资的具体影响,在运用专家问卷调查法时,可增加向相关领域专家的问卷发放数量,提高有效问卷回收率,以便运用更加合理的统计分析方法对调查结果进行统计分析,使得最终所确立的指标体系更具科学性、系统优化性和可比性。

(2)本书的研究将继续结合陕西文化产业集群特定的优势与劣势,着重于经济学中"激励机制的有效构建与实现",得到"嵌入型"创新发展的影响因素和内在动力。另外,中西部的文化产业集群特色是否代表了周边更广阔空间的区域经济发展现实需求,也是本书未来努力改进的方向。

参考文献

［1］ J. A. 熊彼特：《经济发展理论》，商务印书馆，1990。

［2］ Baptista R Swann. *The Dynamics of Firm Growth and Entry in Industrial Clusters: A Comparison of the US and UK ComputerIndustries.* Mimeo: Manchester Business School, 1998.

［3］ Lu, J. and Z. Tao, "Trends and Determinants of China's Industrial Agglomeration", *Journal of Urban Economics*, 2009, 3（65）: 167 – 180.

［4］ 王辑慈：《创新的空间：企业集群与区域发展》，北京大学出版社，2001，第53页。

［5］ Kibbe, B., "CreativeWorkers, Cultural Industries and Technology in the United States", Paris: UNESCO, 1982: 120 – 135.

［6］ Beyers, W. B., "Culture, Services and Regional Development", *Service Industries Journal.* 2002, 22（1）: 4 – 17.

［7］ Dominic Power, "Cultural Industries in Sweden: An Assessment of Their Place in the Swedish Economy", *Economic Geography*, 2002, 78（2）: 103 – 127.

［8］ Allen J. Scott, "Cultural Products Industries and Urban Economic Development", *Urban Affairs Review*, 2004, 39（4）: 461 – 490.

［9］ 柯可：《文化产业论》，广东经济出版社，2001，第77页。

［10］ 冯子标、王建功：《文化产业兴起与我国工业化转型》，《经济学动态》2007年第11期。

［11］ 童泽望、郭建平：《文化产业集群竞争力的提升路径研究》，《科技进

步与对策》2008 年第 11 期。

[12] 王林、顾江:《文化产业发展与区域经济增长:来自长三角地区 14 个城市的经验证据》,《中南财经政法大学学报》2009 年第 2 期,第 84～88 页。

[13] 史征:《文化创意产业发展指数的框架设计》,《统计与决策》2010 年第 7 期,第 32～34 页。

[14] 张云、刘骏民:《房地产市场功能与低收入群体住房问题解决途径探析》,《理论学刊》2008 年第 9 期,第 43～46 页。

[15] Yin, R. K., *Case Study Research: Design and Methods*. Newbury Park CA: Sage Publications, 1994.

[16] Guerrieri, P., Pietrobelli, C., "Industrial Districts' Evolution and Technological Regimes: Italy and Taiwan", *Technovation*, 2004 (24): 899 – 914.

[17] Markusen, A., "Sticky Places in Slippery Space: A Typology of Industrial Districts", *Economic Geography*, 1996 (3): 293 – 313.

[18] Scott, A. J. *Regions and World Economy* . Oxford: Oxford University Press, 1998.

[19] 亚当·斯密:《国民财富的性质和原因的研究(上)》,商务印书馆,1972,第 51～52 页。

[20] 布坎南:《自由、市场和国家: 20 世纪 80 年代的政治经济学》,北京经济学院出版社,1988,第 19 页。

[21] 阿尔弗雷德·马歇尔:《经济学原理》,廉运杰译,华夏出版社,2005,第 73、76 页。

[22] 阿尔弗雷德·韦伯:(德文版 1909)《工业区位论》,李刚剑等译,商务印书馆,1997,第 31～34、37～46、118～120、135～138 页。

[23] Krugman, P. R., "Increasing Returns and Economic Geography", *Journal of Political Economy*, 1991, 34 (99): 483 – 499.

[24] Krugman, P. R. and J., "Venables. Globalization and the Inequality of Nation", *Quarter of Journal Economics*, 1995, 45 (60): 857 – 880.

［25］ Fujita, M., P. R. Krugman and A. J. Venables. *The Spatial Economy*: *Cities, Regions and International Trade*. Cambridge Press, 1999.

［26］ Florence, S., "The selection of industries suitable for disperson intorural areas", *Journal of Royal Statistical Society*, 1944, 107 (2): 93 – 116.

［27］ Perrou, X. F., "A note on the notion of growth people", *Applied Economy*, 1955, 1 (2): 307 – 320.

［28］ 冈纳·缪尔达尔:《经济理论与不发达地区》, 达克沃斯出版社, 1957, 第 55～68 页。

［29］ Romer, P. M., "Increasing Returns and Long Run Growth", *Journal of Political Economy*, 1986, 94 (5): 1002 – 1037.

［30］ Lucas, R. E., "On the Mechanics of Economic Development", *Journal of Monetary Economics*, 1988, 22 (1): 3 – 42.

［31］ Martin, P. and G. Ottaviano, "Growing Locations: Industry Location in a Model of Endogenous Growth", *European Economic Review*, 1999, 23 (43): 281 – 302.

［32］ Baldwin, R. E., "Agglomeration and Endogenous Capital", *European Economic Review*, 1999, 167 (43): 253 – 280.

［33］ G. Ottaviano, Baldwin, R. E., P. And Martin, "Global Income Divergence, Trade and Industrialization: the Geography of Growth Take – Off", *Journal of Economic Growth*, 2001, 23 (6): 5 – 37.

［34］ Martin, P., Ottav Iano, G., "Growth and Agglomeration", *International Economic Review*, 2001, 42 (4): 947 – 968.

［35］ Williamson, O. E., "Calculativeness, trust, and economic organization", *Journal of Law and Economics*, 1993, xxxvi: 453 – 486.

［36］ Michaele Poter. *The Competitiveness Advantage of Native*. Newyork: Freepress, 1990.

［37］ Storper, M. and A. J. Venables. Buzz: The Economic Force of the City. DRUID Summer Conference on 'Industrial Dynamics of the New and Old Economy: Who is Embracing Whom?' in Copenhagen and

Elsinore, 2002.

[38] 埃德加·M. 胡佛:《区域经济学导论》, 远东出版社, 1992, 第 45~72 页。

[39] Paul Krugman. *Geography and Trade*. Cambridge, MA: MIT Press, 1991.

[40] McEvily, B., Zaheer, A., "Bridging Ties: A Source of Firm Hetero-geneity Incompetitive Capabilities", *Strategic Management Journal*, 1999, 20 (12): 1133 – 1156.

[41] Nohria, N., *Information and Search in the Creation of New Business Ventures: The Case of the 128 Venture Group*, Boston: Harvard Business School Press, 1992: 1 – 22.

[42] 谢洪明、蓝海林:《动态竞争与战略网络》, 经济科学出版社, 2004 年 4 月。

[43] 谢洪明、刘跃所:《战略网络、战略生态与企业的战略行为》,《科学管理研究》2005 年第 1 期, 第 33~36 页。

[44] Alchian, A., Demsetz, H., "ProductionInformation Costs and Economic Organization", *American Economic Review*, 1972 (62): 777 – 789.

[45] Demsetz, H., "The Cost of Transacting", *Quarterly Journal of Economics*, 1968 (82): 33 – 53.

[46] Willamson, O. E., "Comparative Econornics Organization: The Analysis of Descrete Structural Alternatives", *Administrative Science Quarterly*, 1991 (36): 269 – 272.

[47] Richardson, G. B., "The Organization of Industry", *Economic Journal*, 1972 (82): 895.

[48] Rikard Larsson, "The Handshake Between Invisible and Visible Hands", *Studies of Management and Organization*, 1993, 23 (1): 103.

[49] Candance Jones, "A General Theory of Network Govemance: Exchange Conditions and Social Mechanisims", *The Academy of Management Review*, 1997, 22 (4): 911 – 945.

[50] Swedberg Richard., Granovetter Mark, "Introduction: In The Sociolo-

gy of Economic Life", *The Academy of Westview*, 1992 (3): 77 – 91.

[51] Scott, A. , *New Industrial Space.* London: UCL press, 1988.

[52] Porter, M. E. , "Clusters and the New Economics of Competition", *Harvard Business Review*, 1998, 76 (6): 77 – 90.

[53] Swann, P. G. M. , *Towards a Model of Clusteringin High Technology Industries.* UK: Oxford University Press, 1998, 34 – 56.

[54] Bruso, S. . The Idea of Industrial Districts: Its Genesis. , Industrial Districts and Cooperation, ILO, Geneva, 1990: 10 – 19.

[55] Wilson, J. F. , Singleton J. . "The Manchester Industrial Districts, Clustering, Networking and Performance", *In Wilson J. , Popp A.* (Eds.), *Industrial Clusters and Regional Business Networks in England*, London: Ashgate Publishing Company, 2003: 48 – 58.

[56] Baum, J. A. C. , Mezias, S. J. , "Localized Competition and Organizational Failure in the Manhattan Hotel Industry (1898 ~ 1990)", *Administrative Science Quarterly*, 1992, 37 (4): 580 – 604.

[57] Pouder, R. , St. John, C. H. , "Hot Spots and BlindSpots: Geographical Clusters of Firms and Innovation", *Academy of Management Review*, 1996, 21 (4): 192 – 1225.

[58] Ciccone, A. , R. E. Hall. , "Productivity and the Density of Economic Activity", *American Economic Review*, 1996, 3 (86): 54 – 70.

[59] Henderson, J. V. . Marshall. s Scale Economies Journal of Urban Economics, 53, pp. 1 – 28.

[60] Holmes, T. , "Localization of Industry and Vertical Disintegration", *Review of Economics and Statistics*, 1999, 3 (81): 314 – 325.

[61] Li, B. , Y. Lu, "Geographic Concentration and Vertical Disintegration: Evidence from China", *Journal of Urban Economics*, 2009, 4 (32): 83 – 89.

[62] Feldman, M. P. , D. B. Audretsch, "Innovation in Cities: Science-based Diversity, Specialization and Localized Competition", *European*

Economic Review, 1999, 7（43）: 409 – 429.

[63] Carlino, G. A., S. Chatterjee and R. M. Hunt,. "Urban Density and the Rate of Invention", *Journal of IJrban Economics*, 2007, 3（61）: 389 – 419.

[64] Christopher Freeman, *Technology Policy and Economic Performance*: *Lessons from Japan.* London: Frances Pinter, 1987: 72 – 76.

[65] Lundvall, *National System of Innovation Toward a Theory of Innovation and Interactive Learning*, Pinter, London, 1992.

[66] Baptista, R., Swann, P., "Do firms in clusters innovate more", *Research Policy*, 1998, 27: 525 – 540.

[67] Beaudry, C., "Entry, Growth, and patenting in industrialclusters: a study of the aerospace industry in the UK", *International Journal of the Economics of Business*, 2001, 4（8）: 405 – 435.

[68] Beaudry, C., Breschi, S., "Are Firms in Clusters really Moreinnovative?", *Economics of Innovation and New Technology*, 2003, 12（4）: 325 – 342.

[69] 曾忠禄:《产业集群与区域经济发展》,《南开经济研究》1997 年第 1 期。

[70] 徐康宁:《开放经济条件下的产业集群及其竞争力》,《中国工业经济》2001 年第 11 期。

[71] 王冰、顾远飞:《簇群的知识共享机制和信任机制》,《外国经济与管理》2000 年第 5 期。

[72] 刘友金、黄鲁成:《产业集群的区域创新优势与我国高新区的发展》,《中国工业经济》2001 年第 1 期。

[73] 郑胜利、黄茂兴:《从集聚到集群:祖国大陆吸引台商投资的新取向》,《世界经济与政治论坛》2002 年第 3 期, 第 86 ~ 89 页。

[74] 魏后凯:《我国产业集聚的特点、存在问题及对策》,《经济学动态》2004 年第 9 期, 第 58 ~ 61 页。

[75] 朱英明:《外商投资企业空间集聚的路径选择研究》,《中国软科学》2004 年第 11 期, 第 118 ~ 123 页。

［76］沈群红、胡汉辉、封凯栋：《从产业集聚到产业集群的演进及政府在产业集群发展中的作用》，《东南大学学报》2011年第3期，第31～36页。

［77］吴德进：《产业集群的组织性质：属性与内涵》，《中国工业经济》2004年第7期，第14～20页。

［78］杨瑞龙、冯键：《企业间网络及其效率的经济学分析》，《江苏社会科学》2004年第3期，第53～58页。

［79］付正平：《论企业集群的产生条件与形成机制》，《中国工业经济》2002年第10期，第20～26页。

［80］魏守华：《集群竞争力的动力机制以及实证分析》，《中国工业经济》2002年第10期，第27～34页。

［81］李楠：《高新技术产业集群形成机理及集聚效应分析》，《工业技术经济》2007年第2期，第16～18页。

［82］张志文：《区域创新文化促进高技术产业集群发展机理研究》，《科技进步与对策》2009年第7期，第23～26页。

［83］盖文启：《产业的柔性集聚及其区域竞争力》，《经济理论与经济管理》2001年第10期。

［84］蔡宁、吴结兵：《产业集群企业网络体系：系统构建与结构分析》，《重庆大学学报》（社会科学版）2006年第2期，第9～14页。

［85］朱英明、陆洪芳：《论产业集群的集聚优势》，《经济地理》2006年第12期，第76～79页。

［86］王辑慈：《创新的空间：企业集群与区域发展》，北京大学出版社，2001，第33～52页。

［87］王缉慈：《产业集群和工业园区发展中的企业邻近与集聚辨析》，《中国软科学》2005年第12期，第91～98页。

［88］朱英明：《产业集聚论》，经济科学出版社，2003，第77～96页。

［89］吴林海、陈继海：《集聚效应、外商直接投资与经济增长——中国数据的计量检验和实证分析》，《管理世界》2003年第8期。

［90］范磊、陈继祥、戴芳：《产业地理集中度的国际比较及其对集群战略

的启示》,《财经问题研究》2006年第11期,第65~69页。

[91] 罗勇:《产业集聚、经济增长与区域差距（基于中国的实证）》,中国社会科学出版社,2007,第65~79页。

[92] 泮策:《产业集群与区域经济增长:基于浙江诸暨大唐袜业集群的分析》,《现代营销》2010年第3期。

[93] 李宝山、苏全义、刘志伟等:《管理:高科技时代的管理创新》,中国人民大学出版社,1998。

[94] 张保明:《从美国科技中心计划看集成创新》,《中国软科学》2002年第12期,第100~103页。

[95] 任寿根:《新兴产业集群与制度分割:以上海外高桥保税区新兴产业集群为例》,《管理世界》2004年第2期,第56~62页。

[96] 曹成:《关于构建企业创新系统的探讨》,《经济师》2008年第3期,第197页。

[97] 张卫国、徐维军:《企业创新系统的模糊评价模型及实证研究》,《数学的实践与认识》2006年第1期,第2页。

[98] 陈劲:《集成创新的理论模式》,《中国软科学》2002年第12期,第23~29页。

[99] 郁培丽、范忠宏:《集成创新过程中的知识黏性表现及对策分析》,《研究与发展管理》2007年第4期,第75~80页。

[100] 张方华:《企业集成创新的过程模式与运用研究》,《中国软科学》2008年第10期,第118~124、140页。

[101] 胡汉辉、倪卫红:《集成创新的宏观意义:产业集聚层面的分析》,《中国软科学》2002年第12期,第35~37页。

[102] 吕卫国、陈雯:《江苏省制造业产业集群及其空间集聚特征》,《经济地理》2009年第10期,第1677~1684页。

[103] 王国红、邢蕊、唐丽艳:《基于知识场的产业集成创新研究》,《中国软科学》2010年第9期,第96~107页。

[104] 陈畴镛、夏文青、王雷:《企业同质化对产业集群技术创新的影响与对策》,《科技进步与对策》2010年第2期,第55~58页。

[105] 孟浩、史忠良:《产业集群的技术创新负效应分析》,《河北经贸大学学报》2005 年第 3 期, 第 43 ~ 47 页。

[106] 魏后凯:《我国产业集群的自主创新能力亟待提升》,《中国高新技术产业导报》2006 年 11 月 27 日。

[107] Polanyi, K. , *The Great Transformation*: *The Political and Economic Origins of Our Time*. Boston, MA: Beacon Press, 1944.

[108] Granovetter, Mark, "Economic action and social Structure: the problem of embeddedness", *American Journal of Sociology*, 1985, 113 (91): 481 – 510.

[109] Granovetter, Mark, "Problems of Explanation in Economic Sociology", in N. Nohria and R. G. Eccles, eds, *Networks and Organizations*: *Structure, Form, and Action*, Cambridge, MA: Harvard Business School Press, 1992, 42 (17): 25 – 26.

[110] Zukin & DiMaggio. *Structures of Capital*: *The Social Organization of Economy*. Cambridge, MA: Cambridge University Press, 1990.

[111] Halinen, A. and I A. Tornroos, "The Role of Embeddedness in the Evolution of Business Networks", *Scandinanian Journal of Management*, 1998, 14 (3): 187 – 205.

[112] Andersson, Ulf, Mats Forsgren and Ulf Holm, "The Strategic Impact of External Networks: Subsidiary Performance and Competence Development in the Multinational Corporation", *Strategic Management Journal*, 2002, 23 (11): 979 – 996.

[113] Hess, Martin, " 'Spatial' Relationships? Towards a Reconceptualization of Emheddedness", *Progress in Human Geography*, 2004, 28 (2): 165 – 186.

[114] Storper, M. , *The Regional World*: *Territorial Development in a Global Economy*, New York: Gulford Press, 1997.

[115] 赵蓓:《嵌入型与产业群竞争力:理论研究与分析框架》,《东南学术》2004 年第 6 期。

[116] Tan, J. , "Growth of industry clusters and innova – tion: Lessons from

Beijing Zhongguancun Science Park", *Journalof Business Venturing*, 2006, 3 (21): 827 – 850.

[117] Uzzi, B., "Social Structure and Competition inInterfirm Networks: the Paradox of Embeddedness", *Administrative Science Quarterly*, 1997, 42 (1): 35 – 67.

[118] Sorenson, O., "Social Networks, Informational Complexity and Industrial Geography", *In Fornahl D., Zellner C. (Eds.), The Role of Labor Mobility and Informal Networks forKnowledge Transfer*, 2003: 1 – 19.

[119] Gersick, C. J. G., "Evolutionary Change Theories: A Multilevel Exploration of the Punctuated Equilibrium Paradigm", *Academy of Management Review*, 1991, 16 (1): 10 – 36.

[120] 谭劲松、何铮:《集群研究文献综述及发展趋势》,《管理世界》2007 年第 12 期。

[121] SwannP. G. M., "Towards a Model of Clusteringin High – Technology Industries", In Swann P. G. M., Prevezer M, Stout D. (Eds.), *The Dynamics of Industrial Clustering International Comparisons in Computing and Biotechnology*, UK: Oxford University Press, 1998: 34 – 56.

[122] 萨克森宁:《地区优势:硅谷和 128 公路的文化与竞争》,上海远东出版社,1999。

[123] Kilduff, M., Tsai, W., Hanke, R., "A Paradigm TooFar? A Dynamic Stability Reconsideration of the Social Network Research Program", *Academy of Management Review*, 2006, 31 (4): 1031 – 1048.

[124] Galaskiewicz, J., "Has a Network Theory of Organizational Behavior Lived Up to Its Promises?" *Management and Organization Review*, 2007, 3 (1): 11 – 18.

[125] Rowley, T. J., BaumJ. A. C., "Introduction: Evolving Webs in Network Economics", *Advances in Strategic Management*, 2008, 25: 1 – 20.

[126] March, J. G., "Exploration and Exploitation in Organizational Learning", *Organization Science*, 1991, 2 (1): 71 – 87.

［127］ Tan, J., Litschert R., "Environment – strategy Relationship and Its Performance Implications: An Empirical Study of Chinese Electronics Industry", *Strategic Management Journal*, 1994, 15 (1): 1 – 20.

［128］ Koza, M. P., Lewin, A. Y., "The Coevolution of Strategic Alliances", *Organization Science*, 1998, 9 (3): 255 – 264.

［129］ Tan, J., Tan, D., "Environment – strategy Coevolution and Coalignment: A Staged model of Chinese SOEs under Transition", *Strategic Management Journal*, 2005, 26 (2): 141 – 157.

［130］ 蓝海林:《技术创新与广东工业技术发展的战略研究》,广东经济出版社,2001.

［131］ 朱永华:《中小企业集群发展与创新》,中国经济出版社,2006.

［132］ 王步芳:《企业群居之谜:集群经济究学的研究》,三联书店,2007.

［133］ Hagedorn, J., Duysters, G., "External sources of innovative capabilities: the preference for strategic alliances or mergersand acquisitions", *Journal of Management Studies*, 2002, 39 (2): 167 – 188.

［134］ Enright, M., "The Globalization of Competition and the Localization of Competitive Advantage: Policies toward Regional Clustering, in N. Hood and S Young, ed, The Globalization of Multinational Enterprise Activity and Economic Development. London: Macmillan, 2000.

［135］ Piore, M. and Sabel, C., *The Second Industrial Divide: Possibilities for Property*. New York: Haper and Row, 1984.

［136］ Amin, A. and Thrift, N., "NeoMarshallian nodes in global networks", *International Journal of Urban and Regional Research*, 1992, 16 (4): 571 – 587.

［137］ 王芹:《国外产业集群理论研究综述》,《生产力研究》2007 年第 19 期,第 148 页。

［138］ 崔祥民、梅强:《基于系统动力学的产业集群演进研究》,《科技管理研究》2010 年第 8 期,第 213～215 页。

［139］ 蒋东仁:《产业集群成长中政府功能定位与政府行为的内生性》,

《管理现代化》2006，第 18～20 页。

[140] 周海涛、郑海涛、张墨琴：《产业集群中的政府行为研究》，《科学学与科学技术管理》2007 年第 2 期，第 47～84 页。

[141] 阿多诺、霍克海默：《启蒙辩证法》，重庆出版社，1990，第 92～93 页。

[142] 本雅明：《机械复制时代的艺术》，王才勇译，中国城市出版社，2002，第 103～105 页。

[143] 贾斯廷·奥康纳：《欧洲的文化产业和文化政策》，中国商业出版社，2006，第 27～29 页。

[144] 大卫·索斯比：《经济与文化》，中国工业出版社，2005，第 19～20 页。

[145] John Fiske. Understanding Popular Culture, London and New York: Routledge, *Culture Policy*, 2007, 36 (11): 216 – 219.

[146] 布迪厄：《文化资本理论》，中国文化出版社，1976：32～33。

[147] David Throsby, "The Production and Consumption of the Arts: A View of Cultural Economics, Journal of Economic Literature", *Culture Policy*, 1994, 38 (10): 245 – 249.

[148] 麦耶斯考夫：《城市发展：文化产业因素》，王中和译，中国文化出版社，2005，第 56～58 页。

[149] 查尔斯·兰蒂：《文化功能》，上海译文出版社，2006，第 59～60 页。

[150] 理查德·凯夫斯：《创意产业经济学：艺术的商业之道》，新华出版社，2004，第 79～80 页。

[151] 约翰·霍金斯：《创意经济：如何点石成金》，上海三联书店，2006，第 78～79 页。

[152] Stuart Cunningham. *Evolution and mutation in the creative industries idea*, 2005: 24 – 27.

[153] Simon Roodhouse, "Have the Cultural Industries a Role to Play in Regional Regeneration and a Nation's Wealth? Proceedings AIMAC 2001:

6th International Conference on Arts and Cultural Management", *Brisbane*, *Queensland University of Technology*, 2001: 56 – 57.

［154］F. 佩鲁:《新发展观》, 华夏出版社, 1987, 第 165 ~ 166 页。

［155］David Throsby:《论文化资本》, 王志标译, 经济资料译丛, 2006 年第 3 期, 第 39 ~ 40 页。

［156］Kretsehmer, Michacl, "Inereasing returns and social contagionin cultural industries", *British Journal of Management. Special Issue.* 1999: 22 – 23.

［157］斯图亚特·坎宁安:《从文化产业到创意产业: 理论、产业和政策的涵义》, 世界文化产业发展前沿报告, 2003 ~ 2004, 第 134 ~ 144 页。

［158］Baumol, Bowen, "Economic circumstances of the performing artist", *Journal of Cultural Economics.* 1993, 20(3):56 – 57.

［159］派恩·吉尔摩:《体验经济》, 夏业良译, 机械工业出版社, 2002, 第 98 ~ 99 页。

［160］Bates, Ryan, "Connnunieation Breakdown: The Reeording Industy Pursuit of the Individual Musie User, a Comparison of U. S. Copyright Protections for Internet Music File Sharing", *Northwestern Journal of International Law.* 2004, 25 (7): 229 – 257.

［161］John W. Dimmick, "Media Competition and Coexistence: The Theory of the Niche (Communication Series)", *Lawrence Erlbaum Associates.* 2003, 45 – 46.

［162］Shaver, Dan; Shaver, Mary Alice, "Books and Digital Technology: A New Industry Model", *Journal of Media Economics*, 2003, 16 (2): 71 – 86.

［163］MeCabe, M. J., "Joumal pricing and mergers: A portfolio approach", *American Economic Revicw.* 2002, 92 (6): 259 – 269.

［164］Hirsch, "Processing fads and fashions: An organizational set analysis of cultural Industry systems", *American Journal of Sociology*, 77 (4): 639 – 59.

［165］Peterson, R. A. D. G., "Berger Cycles in Symbol Production: The Case of PopularMusic", *American Sociological Review*, 1975, 40 (8):

158 – 173.

[166] Carrofl, "The resource – based view of the firm in two environments", *The Academy ofManagement Journal*, 1996, 39 (3): 519 – 543.

[167] 胡惠林、李康化:《文化经济学》,上海文艺出版社,2003 年第 4 期。

[168] 卢渝:《经济欠发达地区发展文化产业的思路及对策》,《光明日报》2004 年 5 月 18 日。

[169] 孟晓驷:《文化产业发展的机理》,《光明日报》2004 年 7 月 15 日。

[170] 祁述裕:《中国文化产业国际竞争力报告》,社会科学文献出版社,2004,第 14 ~ 48 页。

[171] 王缉慈:《关于创意产业集群在大城市中发展的问题》,《江苏社会科学》2005 年第 7 期,第 67 ~ 69 页。

[172] 厉无畏:《创意产业导论》,学林出版社,2006,第 76 ~ 79 页。

[173] 魏鹏举:《中国文化创意产业的发展状况分析》,人民出版社,2005,第 79 ~ 90 页。

[174] Henderson, J. V. , "Ways to Think about Urban Concentration: Neoclassical Urban Systems Versus the New Economic Geography", *International Regional Science Review*. 1996, 43 (19): 421 – 425.

[175] Scott. A. J. , "The Craft, Fashion and Cultural Products Industries of Los Angeles: Competitive Dynamics and Policy Dilemmas In a Multisectoral Image", *Annals of The Association of American Geographers*, 1996, 86 (2): 306 – 323.

[176] Baptista, R. and Swann, P. , "Do firms in clusters innovate more?", *Research Policy*, 1998, 27 (7): 525 – 540.

[177] Baptista, R. , "Do innovations diffuse faster within geographical clusters?", *International Journal of Industrial Organization*. 2000, 18 (5): 515 – 535.

[178] Hutton, T. , "Reconstructed Production Landscapes in the Postmodern City: Applied Design and Creative Servicesin the Metropolitan Core", *Urban Geography*, 2000, 21 (4) .

[179] Howkins, J. , *The Creative Economics*. The Penguin Press, 2001.

［180］Graham Drake，"'This place gives me space'：place and creativity in the creative industries"，*Geoforum.* 2003，34（12）：511－524.

［181］Hartley，*Creative Industries.* Blackwell Publishing Ltd.，2005.

［182］Doris Ruth Eikhof，Axel Haunschild，"Lifestyle Meets Market：Bohemain Entrepreneurs in Creative Industries"，*Creative and Innovation Management*，2006，15（3）.

［183］Michael Keane，*The QUT Creative Industries Experience.* QUT Publications，2010.

［184］Lilach Nachum & David Keeble，"Foreign and Indigenous Firms In The Media Cluster of Central London，ESRC Centre For Business Research"，*University of Cambridge Working Paper* 2000，154（12）：126－135.

［185］Pimden Hertog & Erik Brouwer & Sven Maltha，"Innovation In An Adolescent Cluster：The Case of The Dutch Multimedia Cluster，Contribution To The TSER Project"，*Service Economy*，2000，20（4）：98－1115.

［186］Bathelt Harald. The Distanced Neighbor paradox：Overembedded and Under－Soeialized Eeonomic Relations in LeiPzig's Media Industry，Paper To Be Presented At The DRUD Summer Conference. 2003，52（12）：238－358.

［187］胡惠林、李康化：《文化经济学》，上海文艺出版社，2003 年 4 月。

［188］王缉慈、陈倩倩：《论创意产业及其集群的发展环境——以音乐产业为例》，《地域研究与开发》2005 年第 5 期，第 5～8 页。

［189］钱紫华、阎小培、王爱民：《城市文化产业集聚体：深圳大芬油画》，《热带地理》2006 年第 3 期，第 269～274 页。

［190］李学鑫、陈世强、薛诺稳：《中国农区文化创意产业集群形成演化的影响因素研究——以河南民权"画虎村"为例》，《地域研究与开发》2010 年第 2 期，第 16～21 页。

［191］李艳燕：《河南省文化产业集聚现状的统计分析》，《江苏商论》2011 年第 11 期，第 146～149 页。

［192］李蕾蕾、张晓东、胡灵玲：《城市广告业集群分布模式：以深圳为

例》,《地理学报》2005 年第 2 期, 第 257 ~ 265 页。

[193] 胡腊妹:《城市音乐创意文化产业集聚发展模式: 以北京平谷区 "中国乐谷" 为例》, 《社会科学家》2011 年第 7 期, 第 151 ~ 154 页。

[194] 戈雪梅、周安宁:《文化创意产业园区、动漫产业空间集聚及其影响因子实证分析》,《商业时代》2011 年第 33 期, 第 118 ~ 120 页。

[195] 刘保昌:《文化产业集群研究三题》,《江汉论坛》2008 年第 6 期, 第 135 ~ 138 页。

[196] 姜长宝:《区域特色文化产业集聚发展的制约因素及对策》,《特区经济》2009 年第 9 期, 第 218 ~ 221 页。

[197] 翁旭青:《文化创意产业集聚发展理论及影响因素研究: 基于杭州文化创意产业的发展》, 《北方经贸》2010 年第 4 期, 第 120 ~ 122 页。

[198] 王伟年、张平宇:《城市文化产业园区建设的区位因素分析》,《人文地理》2006 年第 1 期, 第 110 ~ 115 页。

[199] 陈建军、葛宝琴:《文化创意产业的集聚效应及影响因素分析》,《当代经济管理》2008 年第 9 期, 第 71 ~ 75 页。

[200] 何振翔:《产业集群与工业园区的比较及其良性互动》,《湖南科技大学学报》2006 年第 2 期。

[201] 程玉鸿、阎小培、林耿:《珠江三角洲工业园区发展的问题、成因与对策——基于企业集群的思考》, 《城市规划汇刊》2003 年第 6 期。

[202] 蔡宁、杨闩柱:《基于企业集群的工业园区发展研究》,《中国农村经济》2003 年第 1 期。

[203] 程工:《中国工业园区发展战略》, 社会科学文献出版社, 2006。

[204] 丁厚春:《园区建设 "集而不群" 问题浅析》,《中国市场》2006 年第 10 期。

[205] 刘友金、黄鲁成:《产业集群的区域创新优势与我国高新区的发展》,《中国工业经济》2001 年第 2 期。

[206] 任晓红：《工业园区的可持续发展与政府角色分析》，《现代管理科学》2006 年第 1 期。

[207] 李昭赢：《我国文化产业现状与实证分析》，《东南传播》2006 年第 3 期，第 17～19 页。

[208] 朱慧、王鑫：《基于城市面板数据的文化创意产业集聚效应研究》，《商业时代》2010 年第 18 期，第 121～123 页。

[209] 王家庭、张容：《我国文化产业发展影响因素及提升路径的区域分析》，《统计与决策》2010 年第 2 期，第 79～81 页。

[210] 黄永兴、徐鹏：《经济地理、新经济地理、产业政策与文化产业集聚：基于省级空间面板模型的分析》，《经济经纬》2011 年第 6 期，第 47～51 页。

[211] 吴学花、杨蕙：《中国制造业产业集聚的实证研究》，《中国工业经济》2004 年第 10 期，第 36～43 页。

[212] 王婧：《中国文化产业经济贡献的影响因素》，《统计与决策》2008 年第 3 期，第 111～114 页。

[213] 任英华、邱碧槐：《现代服务业空间集聚特征分析：以湖南省为例》，《经济地理》2010 年第 3 期，第 454～459 页。

[214] 袁海：《中国省域文化产业集聚影响因素实证分析》，《经济经纬》2010 年第 3 期，第 65～67 页。

[215] Carlsson, B., Stankiewicz, R., "On the Nature, Function, and Com position of Technological Systems", *Journal of EvolutionaryEconomies*, 1991, (2): 93 – 118.

[216] Nelson, R., "Recent evolutionary theorizing about economicchange", *Journal of Economic Literature*, 1995, (33): 48 – 90.

[217] Breschi, S., Malerba, F., *Sectoral systems of innovation: technological regimes, Schumpeterian dynamics and spatial boundaries.* London: Pinter, 1997: 130 – 156.

[218] 严潮斌：《产业创新：提升产业竞争力的战略选择》，《北京邮电大学学报（社会科学版）》1999 年第 3 期，第 12～16 页。

[219] 张耀辉:《产业创新:新经济下的产业升级模式》,《数量经济技术经济研究》2002 年第 1 期,第 14~17 页。

[220] 陆国庆:《中国中小板上市公司产业创新的绩效研究》,《经济研究》2011 年第 2 期,第 138~148 页。

[221] 柳卸林:《21 世纪的中国技术创新系统》,北京大学出版社,2000。

[222] 徐作圣、许友耕、郑志强:《国家创新系统与竞争力:台湾集成电路产业之实证》,《经济情势暨评论季刊》2000 年第 3 期,第 25~28 页。

[223] 陈劲:《完善面向可持续发展的国家创新系统》,《中国科技论坛》2000 年第 2 期,第 23~25 页。

[224] 游达明、陈凡兵:《基于耗散结构理论的产业创新系统熵变研究》,《统计与决策》2009 年第 4 期,第 21~24 页。

[225] 张治河:《面向"中国光谷"的产业创新系统研究》,武汉理工大学,2003。

[226] 王明明、党志刚、钱坤:《产业创新系统模型的构建研究:以中国石化产业创新系统模型为例》,《科学学研究》2009 年第 2 期,第 23~25 页。

[227] 曾昭宁:《中国汽车产业自主创新系统构建研究》,《经济问题探索》2010 年第 3 期,第 55~59 页。

[228] R. Williams, *Cultural*. London: Fontana, 1981: 11.

[229] 泰勒:《原始文化》,连树声译,上海文艺出版社,1992,第 10~12 页。

[230] 青木昌彦、奥野正宽:《经济体制的比较制度分析》,中国发展出版社,1999,第 22 页。

[231] Fai, F. & Tunzelmann, V. N., "Industry specific competencies and converging technological systems: evidence from patents", *Structural Chang and Economic Dynamics*, 2001, 12 (33): 141 - 171.

[232] A. C. Pratt, "Cultural Industries and Public Policy", *International Journal of Cultural Policy*, 2005, 11 (1): 31 - 44.

［233］D. Hesmondhalgh，*The Cultural Industries.* London：Saga Publications，2007：19 – 26.

［234］孟鑫：《中国西部地区文化产业发展研究》，中央民族大学，2011，第 19 ~ 20 页。

［235］Marshall，A.，*Principles of Economics：an Introductory Volume.* London：Macmillan，1890.

［236］Aghion，P.，Howitt，P.，"A Model of Growth Through Creative Destruction"，*Econometrica*，1992，60（2）：323 – 351.

［237］Solow，R. M.，"The Last 50 Years in Growth Theory and the Next 10"，*Oxford Review of Economic Policy*，2007，23（1）：3 – 14.

［238］俞孔坚：《论景观概念及其研究的发展》，《北京林业大学学报》1987 年第 12 期，第 433 页。

［239］吴家骅：《景观形态学》，叶南译，中国建筑工业出版社，2003 年 3 月。

［240］唐军：《追问百年：西方景观建筑学的价值批判》，东南大学出版社，2004 年 6 月。

［241］速水佑次郎、拉坦：《农业发展的国际分析》，中国社会科学出版社，2000，第 132 ~ 138 页。

［242］速水佑次郎：《发展经济学：从贫困到富裕》，社会科学文献出版社，2003。

［243］大卫·李嘉图：《政治经济学及赋税原理》，周洁译，华夏出版社，2005，第 43 ~ 56 页。

［244］罗珉：《管理学前沿理论研究》，西南财经大学出版社，2006，第 152 ~ 153 页。

［245］Yakovets，Y. V.，*Rent AntiRent and Quasi Rent in a Global – Civilizational Dmiension.* Moscow：A kademkniga，2003.

［246］Murray，B. Low，Eric A brahamso n，M ovements，Band – wagon，"A nd Clones：Industry Evolution And The Entrepreneurial Process"，*Journal of Business Venturing*，1997，12：435 – 457.

[247] Davidsson, P., Honig, B., "The role of social and human capital a-mong nascent entrepreneurs", *Journal of Business Venturing*, 2003, 18: 301 – 331.

[248] Akerlof, G., "The Markets for Lemons: Quartity uncertainty and the market techanism", *Quarterly Journal of Economics*, 1970 (8): 488 – 500.

[249] Wilson, C., "The Nature of Equilibrium in Makets with Adverse Selec-tion", *Bell Joumal of Economics*, 1980 (11).

[250] Rothschild, M. and Stiglitz, J., "Equilibrium in competitive Insurance Market", *Quarterly Journal of Economics*, 1990.

[251] 张维迎:《博弈论与信息经济学》,上海三联书店,1996,第300~338页。

[252] Meyer, M. and J. Vickers, *Performance Comparison and Incentive*, *Mimeo*, *Nuffield College.* Oxford University, 1994.

[253] Axelrod, R. and Keohane, R., *Achieving cooperation under anarchy: strategies and institutions.* Princeton University Press, 1986: 226 – 254.

[254] OYE, K. A., *Cooperation Under Anarchy.* Princeton University Press, 1986.

[255] Khalid Nadvi, "Collective Efficiency and Collective Failure: The Re-sponse of the Sialkot Surgical Instrument Cluster to Global Quality Pres-sures", *World Development*, 1999, (9).

[256] Porter, M. E., *The Comparative Advantage of Nations: The Comparative Advantage of Nations.* NewYork: Free Press, 1990: 456 – 520.

[257] Brenner, T., "Simulating the Evolution of Localised Industrial Clusters: An Identification of the Basic Mechanisms", *Journal of Artificial Societies and Social Simulation*, 2001, 4 (3): 4.

[258] 魏江:《创新系统演进和集群创新系统构建》,《自然辩证法通讯》2004年第1期,第48~55页。

[259] 蔡宁、吴结兵:《产业集群企业网络体系:系统建构与结构分析》,《重庆大学学报(社会科学版)》2006年第2期,第9~14页。

[260] 涂俊、吴贵生:《三重螺旋模型及其在我国的应用初探》,《科研管理》

2006 年第 5 期，第 75~80 页。

[261] 孙晓华、张国峰：《基于"三重螺旋"模型产业集聚能力的培育途径》，《科技进步与对策》2008 年第 7 期，第 82~85 页。

[262] 赛缪尔·亨廷顿、劳伦斯·哈里森：《文化的重要作用》，程克雄译，新华出版社，2002。

[263] 申维辰：《评价文化：文化资源评估与文化产业评价研究》，山西教育出版社，2008，第 6~18 页。

[264] 丹增：《发展文化产业与开发文化资源》，《求是》2006 年第 1 期，第 44~46 页。

[265] 辜胜阻、郑凌云、张昭华：《区域经济文化对创新模式影响的比较分析》，《中国软科学》2006 年第 4 期。

[266] 理查德·弗罗里达：《创意经济》，方海萍、魏清江译，中国人民大学出版社，2006，第 37~57 页。

[267] 连连：《大众文化消费与我国文化产业发展关系探讨》，《福建论坛》2000 年第 6 期，第 56~58 页。

[268] 梁琦：《产业集聚的均衡性和稳定性》，《世界经济》2004 年第 6 期，第 11~17 页。

[269] 赵光辉：《区域人才结构与产业结构互动战略的制定：以中部六省为实证》，《科技与经济》2005 年第 4 期，第 48~51 页。

[270] Puga, D., "Urbanisation Patterns: European vs. 1less Developed Countries", *Journal of Regional Science*, 1998, (38): 231–252.

[271] Krugman, P., *Development, Geography, and Economic Theory*. Cambridge: MIT Press, 1995.

[272] Murata, Y., "Ruralurban Interdependence and Industrialization", *Journal of Development Economics*, 2002, 68 (1): 1–34.

[273] Schumpeter Joseph, *The Theory of Economic Development*, Cambridge: Harvard University Press, 1934.

[274] McKinnon, R., *Money and Capital in Economic Development*. Washington: Brookings Institution Press, 1973.

[275] Greenwood, J. and Jovanovic, B., "Financial Development Growth and Distribution of Income", *Journal of Political Economy*, 1990 (98): 1076 – 1107.

[276] King, R. and Levine, R., "Finance and Growth: Schumpeter Might be Right", *Quarterly Journal of Economics*, 1993 (108): 717 – 738.

[277] Rajan, R. and Zingales, L. Financial Dependence and Growth. American Economic Review, 1998: 559 – 586.

[278] Wurgler, J., "Financial Market and the Allocation of Capita", *Journal of Financial Economics* 2000 (58): 187 – 214.

[279] Beck, T, A. Demirguc – Kunt and V. Maksimovic., "The Influence of Financial and Legal Institutions on Firm Size", *Journal of Banking and Finance*, 2006, 3 (30): 2995 – 3015.

[280] Freeman, C., "Networks of innovation: a synthesis of research issues", *Research Policy*, 1991, 20 (5): 499 – 514.

[281] Lall, S., "Technological capabilities and industrialization", *World Development*, 1992, 20 (2): 165 – 186.

[282] Bell, R. M., Albu, M., "Knowledge systems and technological dynamism in industrial clusters in developing countries", *World Development*, 1999, 27 (9): 1715 – 1734.

[283] Caniels, M. C. J., Romijin, H. A., "Dynamic clusters indeveloping countries: collective efficiency and beyond", *Oxford Development Studies*, 2003, 31 (3): 275 – 292.

[284] Humphrey, J., "Industrial reorganization in developing countries: from models to trajectories", *World Development*, 1995, 23 (1): 149 – 162.

[285] Williamson, O., *The Economic Institution of Capitalism*, New York: Free Press, 1985.

[286] Grossman, S. and Hart, O., "The Costs and Benefits of Ownership: A Theory of Vertical and Lateral Integration", *Journal of Political Economy*, 1986 (94): 691 – 719.

[287] Hart, O. and Moore, J., "Property Rights and the Nature of the Firm", *Journal of Political Economy*, 1990 (98): 1119 – 1158.

[288] Schmitz, H., "Collective Efficiency and Increasing Returns", *Cambridge Journal of Economics*, 1999, 23 (4): 465 – 483.

[289] Mccormick, D., "African Enterprise Clusters and Industrialization: Theory and Reality", *World Development*, 1999, 27 (9): 1531 – 1551.

[290] Chari, S., "The Agrarian Origins of the Knitwear Industrial Cluster in Tiruppur", India. *World Development*, 2000, 28 (3): 579 – 599.

[291] Morosini, P., "Industrial Clusters, Knowledge Integration and Performance", *World Development*, 2002, 32 (2): 305 – 326.

[292] Altenburg, T., MeyerStamer, J., "How to Promote Clusters: Policy Experiences from Latin America", *World Development*, 1999, 27 (9): 1693 – 1713.

[293] Laeven, L. and C. Woodmff., "The Quality of the Legal System and Firm Size", *Review of Economics and Statistics*, 2007, 4 (89): 601 – 614.

[294] Delmar, F. and P. Davidsson., "A Taxonomy of High – growth Firms", *Babson Entrepreneurship Research Conference*, 1998.

[295] Weinzimmer, L. G., P. C. Nystrom and S. J. Freeman., "Measuring Organizational Growth: Issues, Consequences and Guidelines", *Journal of Management*, 1998, 24 (2): 235 – 262.

[296] Bathelt Harald., "The Distanced Neighbor paradox: Overembedded and Under Soeialized Eeonomic Relations in LeiPzig's Media Industry", *Paper to be Presented at the Drud Summer Conference.* 2003, 52 (12): 238 – 358.

[297] Gornostaeva, Galina & Cheshire, Paul. *Media Cluster ln London.* Cahiers DeL, l aurif. 2004, 135 (113): 167 – 179.

[298] Forrester J. W., *Industrial Dynamics. U S, Cambridge*, Ma: MIT Press, 1971.

[299] D. 梅多斯:《增长的极限》, 机械工业出版社, 2006, 第 64 ~ 95 页。

［300］Yochum G r, et al. , "The Economic Impact and Rate of Return of Virginia's Ports on the Commonwealth", *Norfolk*, 1989: 44 – 53.

［301］Karl – GoKran, Makler. , "Development, Ecological Resources and Their Management: a Study of Complex Dynamic Systems", *European Economic Review*, 2000, 44: 645 – 665.

［302］AliKerem Sayse, Yaman Barlas, Orhan Yenigun. , "Environmental Sustainability in an Agricultural Development Project: a System Dynamics Approach", *Journal of Environmental Management*, 2002, 64: 247 – 260.

［303］Stave, K. A. , "Using System Dynamics to Improve Public Participation in Environmental Decisions", *System Dynamics Review*, 2002, 18 (2): 139 – 167.

［304］Stave, K. A. , "A System Dynamics Model to Facilitate Public Understanding of Water Management Options in Las Vegas, Nevada", *Environmental Management*, 2003, (67): 303 – 313.

［305］Janssen, M. A. , Walker, B. H. , Langridge J. Anadaptive Agent Model for Analysing Coevolution of Management and Policies in a Complex Range Land System, *Ecological Modelling*, 2000, (131): 249 – 268.

［306］Janssen, M. A. , "An Exploratory Integrated Model to Assess Management of Lake Eutrophication ", *Ecological Modelling*, 2001, (140): 111 – 124.

［307］Cuneralp, B. , Barlas, Y. , "Dynamic Modeling of a Shallow Freshwater Lake for Ecological and Economic Sustainability", *Ecological Modelling*, 2003, (167): 115 – 138.

［308］Raman, H. , Decision Support for Crop Planning During Droughts. *Irrigation and Drainage Engineering*, 2002, 20 (2): 229 – 241.

［309］Saysel, A. K. , Barlas. Y. , "Environmental Sustainability in an Agricultural Development Project: a System Dynamics Approach", *Environmental Management*, 2002, (64): 247 – 260.

［310］Saysel, A. K. , Barlas, Y. , Model Simplification and Validation with

Indirect Structure Validity Tests. *System Dynamics Review*，2006，22（3）：97–112.

[311] 王其藩、赵永昌、杨炳奕：《中国大城市科技、经济、社会协调发展问题的研究》，《系统工程理论与实践》1991年第1期，第1~4页。

[312] 王其藩、李旭：《从系统动力学观点看社会经济系统的政策作用机制与优化》，《科技导报》2004年第5期，第34~36页。

[313] 苏懋康：《系统动力学原理及应用》，上海交通大学出版社，1988。

[314] 胡玉奎、韩于羹、曹铮韵：《系统动力学模型的进化》，《系统工程理论与实践》1997年第4期，第132~136页。

[315] 何绍福、朱鹤键等：《区域农业系统研究中农业信息化技术的应用：以马坪镇农业系统研究为例》，《福建师范大学学报（自然科学版）》2006年第4期，第35~39页。

[316] 赵妍：《我国石油企业可持续发展系统动力学模型构建》，《哈尔滨理工大学硕士学位论文》，2009，第1~4页。

[317] 王鹏飞、刘胜：《基于系统动力学模型的核心制造企业库存控制系统仿真研究》，《现代管理术》2010年第9期，第39~44页。

[318] 孙梅：《一类能源供需系统的动力学分析、控制与同步》，《江苏大学博士学位论文》，2006，第3~6页。

[319] 张晓慧：《我国油气资源社会经济系统协调发展研究》，《中国石油大学博士学位论文》，2008，第5~7页。

[320] 胡大伟：《基于系统动力学和神经网络模型的区域可持续发展的仿真研究：以江苏省建湖生态县为例》，《南京农业大学博士学位论文》，2006，第2~5页。

[321] 唐静：《欠发达地区环境经济协调发展系统仿真研究》，《四川大学硕士学位论文》，2006，第2~5页。

[322] 王波：《区域循环经济系统分析：基于系统动力学的方法》，《统计与决策》2007年第20期。

[323] 朱宏飞、李定龙等：《城市污水回用的系统动力学模型构建及应用：

以常州市为例》,《水利水电技术》2008 年第 10 期, 第 86~89 页。

[324] 刘璟:《区域 Ec－Re－Ec 协调发展 SD 模型创建及其应用分析》,《东莞理工学院学报》2009 年第 5 期, 第 98~102 页。

[325] 王光净、杨继君等:《区域经济可持续发展的系统动力学模型及其应用》,《改革与战略》2009 年第 1 期, 第 128~132 页。

[326] 蔡林、高速进:《区域可持续发展系统动力学综合协调模型研究》,《圆桌论坛》2009 年第 4 期, 第 67~70 页。

[327] 谷国锋:《系统动力学在区域创新系统中的应用》,《东北师范大学硕士学位论文》, 2003。

[328] 朱晓霞:《基于 SD 模型的 RIS 创新驱动力研究》,《科学学研究》2008 年第 6 期, 第 49~53 页。

[329] 曲然、张少杰:《区域创新系统建设与运行系统动力学研究》,《工业技术与经济》2008 年第 8 期。

[330] 赵玉林、李文超:《基于系统动力学的产业结构演变规律仿真模拟实验研究》,《系统科学学报》2008 年第 4 期, 第 22~27 页。

[331] 林学明:《区域创新系统的动态模型设计及实证研究》,《厦门大学硕士学位论文》, 2006。

[332] 夏国平:《基于系统动力学的广西区域创新系统研究》,《科学学与科学技术管理》2008 年第 6 期, 第 18~24 页。

[333] 王芹:《国外产业集群理论研究综述》,《生产力研究》2007 年第 19 期, 第 148 页。

[334] 王发明、刘传庚:《给予组织生态理论的资源型产业集群可持续发展》,《生态学报》2008 年第 9 期, 第 4469~4475 页。

[335] 张绪清:《资源型城市中期转型的困境与对策研究》,《资源与产业》2010 年第 2 期, 第 1~6 页。

[336] 张伟:《基于循环经济上的资源型产业集群发展模式》,《工业技术经济》2008 年第 4 期, 第 29~31 页。

[337] Eisenhardt, K. M., "Building Theories from Case Study Research", *Academy of Management Review*, 1998, 14 (4): 532－550.

［338］Pettigrew, A. M., "Longitudinal Field Research onChange: Theory and Practice", *Organization Science*, 1990, 1 (3): 267 - 292.

［339］Pietrobelli, C., "The Socioeconomic Foundationsof Competitiveness: An Econometric Analysis of Italian Industrial District", *Industry and Innovation*, 1998, 1 (5): 139 - 155.

［340］Romanelli, E., Tushman, M., "Organizational Transformation as Punctuated Equilibrium: An Empirical Test", *Academy of Management Journal*, 1994, 37 (5): 1141 - 1166.

［341］周雪光:《组织社会学十讲》, 社会科学文献出版社, 2003。

［342］Williamson O E. The economic institutions of capitalism. NewYork: Free Press, 1985.

［343］欧阳友权:《文化产业通论》, 湖南人民出版社, 2006。

附录一

假定在一定区域内有两种要素（劳动力 L、资本 K）和产业集群因素 C 影响产出，不考虑区域以外的贸易和外资引入，则生产函数一般地可表示为：$Y_{(t)} = F(L, K, C)$，且满足条件：

$$\frac{\partial F(L,K,C)}{\partial L} \geqslant 0, \frac{\partial F(L,K,C)}{\partial K} \geqslant 0$$

$$\frac{\partial^2 F(L,K,C)}{\partial F^2} < 0, \frac{\partial F^2(L,K,C)}{\partial K^2} < 0$$

$$F(\lambda F, \lambda K, \lambda C) = \lambda F(L,K,C)$$

$$\lim_{L \to \infty} \frac{\partial F(L,K,C)}{\partial L} = 0, \lim_{K \to \infty} \frac{\partial F(L,K,C)}{\partial K} = 0$$

$$\lim_{L \to 0} \frac{\partial F(L,K,C)}{\partial L} = 0, \lim_{K \to \infty} \frac{\partial F(L,K,C)}{\partial K} = \infty$$

同时，假定：$\frac{\partial F(L,K,C)}{\partial C} > 0$，即随着产业集群规模的增加，区域产出增长。根据 Solow 中性定义，当给定 $Y_{(t)}/L_{(t)}$ 时，要素回报 $\frac{\frac{KdY_t}{dk}}{\frac{LdY_t}{dL}}$ 也是一定的，由于产业集群降低创新成本，相对地促进技术进步，这样 Solow 中性下的生产函数可以表述为：

$$Y_{(t)} = F(C_{(t)}, L, K) \tag{1}$$

其中，$C_{(t)}$ 代表区域 t 时期的产业集群指标。

又据 Harrod 中性定义，当 Y/K 给定时，要素回报也是一定的，则生

产函数可以表述为[271]:

$$Y_{(t)} = F(L, K, I_{(t)})\qquad(2)$$

其中，$I_{(t)}$ 代表区域 t 时期的产业集群指标，结合式（1）和式（2），可以把包括产业集群因素的生产函数写成：

$$Y_{(t)} = F(I_{(t)}L, C_{(t)}K)\qquad(3)$$

假设产业集群对劳动、资本的影响程度不同，设 $C_{(t)}$ 和 $I_{(t)}$ 的变化率为 m 和 n，取初始值 $C_{(0)} = 1$，$I_{(0)} = 1$，生产函数式（3）可变为

$$Y_{(t)} = ke^{nt}F(I_{(t)}L/(C_{(t)})k, l)$$

$$\frac{Y_{(t)}}{K} = e^{nt}\varphi(L/Ke^{(m-n)t})$$

因为：$\frac{d_t}{L} = z$ 即 $L_{(t)} = L_{(0)}e^{zt}$，$\frac{\frac{dK}{dt}}{K} = rk$ 即 $K_{(t)} = K_{(0)}e^{-r}k^t$，因此：

$$\frac{Y_{(t)}}{K} = e^{nt}\varphi(e^{z+m-n-r}k)t\qquad(4)$$

由式（4）得出资本存量增长率：

$$r_k = sY_{(t)}/K = se^{nt}(e^{z+m-n-r}k)$$

从上式可知，在均衡时，r_k 为常数，而不是收敛为零。而当 r_k 为常数时，有 n = 0 和 $z + m - n - r_k = 0$。

附录二

Dependent Variable: SIT?				
Method: Pooled Least Squares				
Date: 01/27/13 Time: 16: 04				
Sample: 2008 2012				
Included observations: 5				
Cross – sections included: 31				
Total pool (balanced) observations: 155				
Variable	Coefficient	Std. Error	t – Statistic	Prob.
C	0.023038	0.007310	3.151740	0.0020
RESOURCES?	0.003066	0.002633	– 1.164314	0.0241
CONVENIENCE?	0.005478	0.002193	2.497738	0.0136
DEMAND?	0.001562	0.009685	0.161230	0.8721
INCOME?	– 0.009247	0.014959	– 0.618177	0.5374
R – squared	0.046576	Mean dependent var		0.017926
Adjusted R – squared	0.021151	S. D. dependent var		0.014181
S. E. of regression	0.014030	Akaike info criterion		– 5.663448
Sum squared resid	0.029528	Schwarz criterion		– 5.565273
Log likelihood	443.9172	Hannan – Quinn criter.		– 5.623571
F – statistic	1.831917	Durbin – Watson stat		2.695847
Prob (F – statistic)	0.125608			
Dependent Variable: SIT?				
Method: Pooled Least Squares				

Date: 01/27/13　Time: 16: 05

Sample: 2008 2012

Included observations: 5

Cross - sections included: 31

Total pool (balanced) observations: 155

Variable	Coefficient	Std. Error	t - Statistic	Prob.
C	0. 069622	0. 980147	0. 071032	0. 9435
HR?	1. 624216	2. 925638	- 0. 555167	0. 0496
PROFIT?	0. 340084	0. 178124	1. 909253	0. 0582
INNOVATION?	0. 001764	0. 000705	2. 501213	0. 0135
INDUSTRY?	0. 812275	0. 730161	1. 112460	0. 2677
KNOWLAGE?	0. 013208	0. 015658	0. 843543	0. 4003

R - squared	0. 106666	Mean dependent var		0. 017926
Adjusted R - squared	0. 076688	S. D. dependent var		0. 014181
S. E. of regression	0. 013627	Akaike info criterion		- 5. 715644
Sum squared resid	0. 027667	Schwarz criterion		- 5. 597834
Log likelihood	448. 9624	Hannan - Quinn criter.		- 5. 667792
F - statistic	3. 558181	Durbin - Watson stat		2. 561437
Prob (F - statistic)	0. 004551			

Dependent Variable: SIT?

Method: Pooled Least Squares

Date: 01/27/13　Time: 16: 06

Sample: 2008 2012

Included observations: 5

Cross - sections included: 31

Total pool (balanced) observations: 155

Variable	Coefficient	Std. Error	t - Statistic	Prob.
C	- 0. 010010	0. 004844	- 2. 066291	0. 0405
INVEST?	1. 392897	0. 236007	5. 901943	0. 0000

R - squared	0. 185446	Mean dependent var		0. 017926
Adjusted R - squared	0. 180122	S. D. dependent var		0. 014181

续表

S. E. of regression	0.012841	Akaike info criterion	- 5.859577
Sum squared resid	0.025227	Schwarz criterion	- 5.820307
Log likelihood	456.1172	Hannan - Quinn criter.	- 5.843626
F - statistic	34.83293	Durbin - Watson stat	2.282840
Prob (F - statistic)	0.000000		

Dependent Variable: SIT?

Method: Pooled Least Squares

Date: 01/27/13   Time: 16: 00

Sample: 2008 2012

Included observations: 5

Cross - sections included: 31

Total pool (balanced) observations: 155

Variable	Coefficient	Std. Error	t - Statistic	Prob.
C	- 0.068647	0.886788	- 0.077411	0.9384
RESOURCES?	1.95E - 05	0.002393	0.008146	0.0035
CONVENIENCE?	0.003236	0.003280	0.986538	0.3255
DEMAND?	- 0.000487	0.008582	- 0.056766	0.9548
INCOME?	- 0.011982	0.013498	- 0.887675	0.3762
HR?	1.163188	2.646884	- 0.439456	0.0410
PROFIT?	0.304150	0.161197	1.886817	0.0612
INNOVATION?	0.000782	0.001819	0.430146	0.6677
INDUSTRY?	0.887156	0.660421	1.343318	0.1813
KNOWLAGE?	0.007270	0.014200	0.511985	0.6094
INVEST?	1.466600	0.249386	5.880838	0.0000

R - squared	0.294165	Mean dependent var	0.017926
Adjusted R - squared	0.245148	S. D. dependent var	0.014181
S. E. of regression	0.012321	Akaike info criterion	- 5.886706
Sum squared resid	0.021860	Schwarz criterion	- 5.670721
Log likelihood	467.2197	Hannan - Quinn criter.	- 5.798978
F - statistic	6.001359	Durbin - Watson stat	2.296595
Prob (F - statistic)	0.000000		

后　记

　　本书研究内容的构思始于 2010 年，当时，正值读博的我开始体会到文化产业的巨大魅力，当然，中国文化产业集群在摸索中前行的现象引起了我的思考，随后以文化资源大省陕西为研究重点，从"嵌入型"的行为视角对西部文化产业集聚发展尤其是制度构建进行了研究，作为陕西省社会科学基金项目（13SC006）、西安市社会科学规划基金项目（14J57）的阶段性成果。

　　本书很荣幸获得《陕西人文社会科学文库》著作出版资助，除了对此表示真诚的谢意以外，我还想就为什么写作该书做一点说明。美国资深经济学家雷·罗森说："我们的经济将向何处发展？什么能够带动我们前进？是文化。"而 21 世纪的文化不仅是在传承遗产背景上的自我指涉，还是多元文化交融中的自我创新。"破解文化产业发展瓶颈，健全现代文化市场；政府职能转变凸显新内涵"，发生在中共十八届三中全会前后"中国式奋斗"的历史进程中。

　　为此，政府职能之一体现为立足陕西区位、文化、科教资源优势，以十八届三中全会精神为指引，运用"深度开发"模式挖掘中华文化底蕴、内涵、价值，带动影视、出版、演艺、休闲、娱乐等相关产业发展，形成品牌，实现文化资源多次开发、多重产品、多种收益，推动陕西文化产业向高端化发展。实践证明，文化产业的集群式发展，可借助文化产品经营实现其与文化资本经营的统一，通过文化企业间的相互"嵌入"所体现的外延性再生产实现其与集群创新氛围下内涵性再生产的统一，在增加集群规模报酬的基础上节约交易成本，从而实现企业与社会低成本扩张的统一。所以，从管理层面讲，由政府驱动的"嵌入型"文化产业集群式发展在当代中国更大范围内应是可信、可行的。

另一方面，文化产业需要多元化市场主体的参与运作。1985年乔布斯领导研发世界上最先进的个人电脑"Macintosh"，它在技术上遥遥领先于竞争对手IBM－PC机，但因销售不佳且占用了公司大量资源，乔布斯黯然离开；12年后，乔布斯携全新思路重返公司，从而一举把苹果带到世界之巅。所以，创新又需要市场导向的对接，以避免"从商品到货币'失败的'一跃"。面对RFID技术，2.0和3.0互联网，3G和4G手机等新型移动信息终端、物联网、云计算等的普及，全球将在10年间从"互联网社会"（Internet Society）进入全领域和全时段覆盖的"泛在网络社会"（Ubiquitous Network Society），新的文化传播样式和文化服务品种正如雨后春笋层出不穷。文化产业这场数字化革命"在第一时间便渗透到我们人类活动的所有领域，已经展示了其彻底和不可遏制的爆发力"。所以，从技术层面讲，未来文化产业的数字化多元市场主体运作已是必然。

综上所述，今后我将一以贯之地致力于文化产业"跨域"（跨领域、跨地域、跨组织）集聚方向的研究。当然，随着本书写作渐进尾声，我愈加珍惜来自各方的真诚支持凝聚成的深厚情谊：

感谢我国著名教育家、陕西师范大学国际商学院名誉院长、博士生导师何炼成教授对本书观点的认同。感谢陕西师范大学国际商学院首任院长李忠民教授、现任院长张治河教授等经济学家、管理学家带领商学师生营造的浓厚学术氛围！感谢国际商学院副院长雷宏振、周晓唯教授以及陕西师范大学宣传部部长孔祥利教授等给予我的许多珍贵教益。

感谢陕西省社会科学院诸位领导、专家：院长任宗哲教授、副院长石英教授、文化所所长王长寿研究员、科研处副处长于宁锴副研究员以及院学术委员会各位专家的指导。另外，感谢西安交通大学经济与金融学院孙早、冯宗宪教授，管理学院席酉民教授，人文学院刘儒教授；特别是来自国家发展改革委员会、中央财经大学的邹东涛教授以及北京大学文化产业研究院陈少峰、向勇等各位专家、学者的帮助与勉励。

我在"曲江文化产业国家示范园区"调研期间，有幸得到了曲江开发区管理委员会以及陕西省文化厅文化产业处、陕西省政府政策研究室领导和朋友的多方支持和配合，在此谨表谢意。

本书的顺利出版，还要特别感谢社会科学文献出版社的编辑团队认真负责的编辑工作。当然文责自负，欢迎专家学者批评指正。

最后，中国这片广袤大地上正在发生的文化产业巨变是深邃的经济学理论和管理学思想的最好试验场，让我们共同为学术在中国的发展而努力，继续这段温暖和百感交集的旅程。

刘立云

2013 年 12

图书在版编目（CIP）数据

中国"嵌入型"文化产业集群发展研究／刘立云著．—北京：
社会科学文献出版社，2014.1
ISBN 978 - 7 - 5097 - 5207 - 4

Ⅰ.①中…　Ⅱ.①刘…　Ⅲ.①文化产业 - 产业发展 - 研究 -
中国　Ⅳ.①G124

中国版本图书馆 CIP 数据核字（2013）第 248466 号

中国"嵌入型"文化产业集群发展研究

著　　者／刘立云

出 版 人／谢寿光
出 版 者／社会科学文献出版社
地　　址／北京市西城区北三环中路甲 29 号院 3 号楼华龙大厦
邮政编码／100029

责任部门／经济与管理出版中心（010）59367226　　　　责任编辑／高　雁
电子信箱／caijingbu@ ssap. cn　　　　　　　　　　　　 责任校对／吕伟忠
项目统筹／恽　薇　　　　　　　　　　　　　　　　　　 责任印制／岳　阳
经　　销／社会科学文献出版社市场营销中心（010）59367081　 59367089
读者服务／读者服务中心（010）59367028

印　　装／北京鹏润伟业印刷有限公司
开　　本／787mm×1092mm　1/16　　　　　　　　　 印　　张／14.75
版　　次／2014 年 1 月第 1 版　　　　　　　　　　　　 字　　数／216 千字
印　　次／2014 年 1 月第 1 次印刷
书　　号／ISBN 978 - 7 - 5097 - 5207 - 4
定　　价／59.00 元